国家出版基金项目
NATIONAL PUBLICATION FOUNDATION

“十三五”国家重点出版物出版规划项目—新时期产业工人队伍建设改革研究丛书

技能形成的历程

国有企业激励制度与产业工人队伍发展

林盼 著

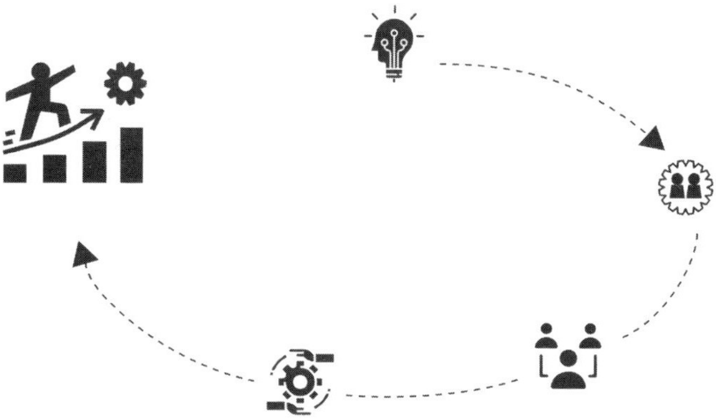

中国工人出版社

图书在版编目（CIP）数据

技能形成的历程：国有企业激励制度与产业工人队伍发展 / 林盼著.
—北京：中国工人出版社，2021.12
ISBN 978-7-5008-7792-9

Ⅰ.①技… Ⅱ.①林… Ⅲ.①国有企业—激励机制—影响—产业工人—人才培养—研究 Ⅳ.①F425.15

中国版本图书馆CIP数据核字（2021）第232133号

技能形成的历程：国有企业激励制度与产业工人队伍发展

出 版 人	王娇萍
责任编辑	罗荣波　许小凡
责任印制	栾征宇
出版发行	中国工人出版社
地　　址	北京市东城区鼓楼外大街45号　邮编：100120
网　　址	http://www.wp-china.com
电　　话	（010）62005043（总编室）　（010）62005039（印制管理中心） （010）82075935（工会与劳动关系分社）
发行热线	（010）82029051　62383056
经　　销	各地书店
印　　刷	三河市东方印刷有限公司
开　　本	700毫米×1000毫米　1/16
印　　张	14
字　　数	190千字
版　　次	2021年12月第1版　2021年12月第1次印刷
定　　价	68.00元

序　言

中华人民共和国史，就是一部可歌可泣的工业化建设史。

1949 年，中国只是“一个人口众多、经济落后、发展极不平衡的农业国”①，工农比重 3∶7，轻工业总产值 103 亿元，重工业总产值 37 亿元。原油产量占世界总产量 0.03%，发电量占 0.56%，原钢占 0.12%，水泥占 0.61%。与美国相比，1949 年美国的原煤产量是中国的 13.6 倍，原油产量是 274.3 倍，发电量是 80 倍，钢产量是 447 倍，生铁产量是 199 倍，水泥产量是 54 倍②。

1949 至 1978 年的前 30 年，中国在工业建设中取得了重大成就，基本建成了独立的比较完整的工业体系和国民经济体系。与 1952 年相比，1980 年“全国工业固定资产按原价计算，增长 26 倍多，达到 4100 多亿元；棉纱产值增长 3.5 倍，达到 293 万吨；原煤产量增长 8.4 倍，达到 6.2 亿吨；发电量增长 40 倍，达到 3000 多亿千瓦时；原油产量达到 1.05 亿吨；钢产量达到 3700 万吨；机械工业产值增长 53 倍，达到 1270 亿元。在辽阔的内地和少数民族地区，兴建了一批新的工业基地，国防工业从无到有逐步建设起来。资源勘探工作成绩很大，铁路、公路、水运、航空和邮电事业都有很大的发展”③。

改革开放以来，中国实现了从工业化初期到工业化后期的历史性飞跃，成为世界第一大工业产出国，拥有包括 41 个工业大类、207 个工业中类、666 个工业小类的世界最完整的现代工业体系，非农产业增加值占比已经超过了

---

① 萧冬连 . 本土资源与苏联模板——关于中国计划经济起源的讨论［J］. 中共党史研究，2017（6）.

② 张泽荣，等 . 社会主义市场经济十大问题［M］. 四川：成都科技大学出版社，1993：177.

③ 中国共产党中央委员会关于建国以来党的若干历史问题的决议［M］. 北京：人民出版社，2009：5-7.

90%，在 500 种主要工业品中，中国有 220 多种产量位居全球第一[①]。2020 年，我国工业增加值达 31.3 万亿元，连续 11 年成为世界上最大的制造业国家，我国制造业对世界制造业贡献的比重上升到近 30%，成为名副其实的“世界工厂”。高技术制造业增加值平均增速达到 10.4%，信息传输软件和信息技术服务业的增加值由 1.8 万亿元增加到了 3.8 万亿元。制造业类别完整齐全，深度融入世界产业分工体系，实现了“由小到大”“由弱变强”的转变。

70 余年来，中国从一个标准的农业国成为超级工业大国，这是中国几代产业工人共同努力的结果，他们理应是这段历史的真正主角。当毛泽东主席喊出“使中国由农业国变为工业国”的口号之时，中国连“一辆汽车、一架飞机、一辆坦克、一辆拖拉机都不能造”，需要在极短的时间内完成工业化的原始积累。且出于对人民长远利益的考量，中央制定了“以重工业为中心”的方针，导致工人的工资常年不能调升。换言之，1978 年以前，中国的工业化成果就是数千万工人在物质条件严重匮乏的情况下所取得的，其中的艰难困苦不言而喻。

既然工人的工资水平长期裹足不前，那么企业又是如何对工人进行激励与管理的？这涉及一个打开“黑箱”的问题。改革开放之前的中国工厂究竟是以一种怎样的方式进行生产，工人的劳动热情到底如何？由于距离那段岁月越来越远，我们只能从工人留下来的只言片语中、从目前可以找到的档案文件中一探虚实。理论上讲，吃着“大锅饭”、拿着“铁工资”的工人，很难在工作场合全情投入，出现积极性下降的情况是无法避免的。但是，从工业化建设的业绩来看，从老工人回忆过往所表现出的澎湃激情来看，又很难说企业的激励措施是全然失效的。因此，我们需要一个打开“黑箱”的动作，全方位地观察改革开放前 30 年企业的管理方式与措施，尤其是了解在物质激励相对不足的情况下，采取了哪些“技艺”去激励工人，提升工人的技能。

---

① 黄群慧 . 百年目标视域下的新中国工业化进程［J］. 经济研究，2019（9）.

同样，对于改革开放之后的企业管理情况与激励手段，我们也需要进行“浸入式观察”。这一时期的企业基本解决了原始积累的问题，在掌握了资金的分配权之后，可以放开手脚对工人进行物质激励。那么，为什么我们从各种信息渠道中仍能不时地看到关于“激励不足”的报道？不少企业管理者抱怨工人学技能的愿望不足，没有“爱厂如家”、爱岗敬业的精神，时刻想着跳槽；工人则表示，晋升论资排辈，工资算法不透明，民主管理只是一句空话，在企业中找不到认同感、归属感，自然不愿意全身心地工作。一句话，企业的激励机制仍然存在着较大的问题，需要通过改革的方式加以解决完善。

怎样激励工人？自“工厂”这种生产组织出现之后，这一问题就成为困扰历代管理者的大难题。与纯粹的生产性组织相比，中国的国企（国营企业或国有企业）还兼有鲜明的政治、社会职能，因此不能简单地套用一般企业的管理方式对企业职工进行激励。在这个问题上，经济学、管理学、社会学的研究者通过各种角度，提出了一系列富有见地的观点与看法。笔者自2015年起，也尝试进入该领域，通过档案资料的收集整理，对计划经济时期的企业工资制度、技术干部选拔和社会保障等问题进行探索，形成了若干研究成果，在学界产生了一定的影响。笔者尤其注意物质激励，认为改革开放之前的企业并不是只讲精神激励、不谈物质激励，而是多次尝试使用以计件工资制为代表的物质奖励制度，且起到了较好的刺激效果。但计件工资制所需要的定额管理水平较高，处理不慎即会导致“少劳多得”、工资收入差距拉大等现象的出现，因此“屡兴屡废”，成为一项“命运多舛”的收入分配制度。

马克思在《路易·波拿巴的雾月十八日》的开篇中指出：“人们自己创造自己的历史，但是他们并不是随心所欲地创造，并不是在他们自己选定的条件下创造，而是在直接碰到的、既定的、从过去承继下来的条件下创造。”[①] 当前中国的国有企业所面临的“激励困境”并非今天刚刚出现的新事物，而是

① 中共中央马克思恩格斯列宁斯大林著作编译局．马克思恩格斯选集［M］．北京：人民出版社，1995：585.

各种制度“遗产”共同作用所导致的结果；同样，如何破解“激励困境”也应当回溯历史，或许从经验中能够找到答案。“鉴于往事，有资于治道”，这就是历史研究的价值所在。

本书从中国企业激励机制的形成开始谈起，对改革开放之前的物质激励和精神激励措施进行评述，并对改革开放之后企业激励制度的改革加以讨论，形成对“工人的激励方式和技能形成过程”这一主题的全景式观察。至于用什么样的措施对工人进行激励才是最有效的，笔者很难下一定论，只能将过去几十年企业的实践情况稍加呈现。若读者能从本书中略有所获，即是笔者无上的荣光。

林盼

2021 年 5 月

目　录

第一章

导 论

本书运用经济史的视角与方法，以1949年以来的各级文件、企业档案和工人生活资料为主干，考察70多年来中国企业激励机制的设计与实践过程以及管理层、工人等行为主体的态度回应，借助社会学、经济学等学科的研究方法及成果，揭示企业激励制度的内在逻辑，提炼并总结中国企业在管理制度探索和创新方面的特征。

作为导论部分，本章主要是对本书的研究背景和研究问题进行阐述。首先，本章将从概念出发，简要论述“激励”的概念，并探讨激励工人的重要性；其次，本章将对激励工人的手段及其背景进行梳理，明确本书的研究目的和理论关怀；最后，本章将简要回顾相关议题既有的研究成果，并对本书的谋篇布局进行介绍。

一、激励工人的重要性及其手段

在展开本书的讨论之前，首先要对“激励”这个概念进行梳理。所谓“激励”，是一个管理学的术语。管理学是一门系统研究管理活动的基本规律和一般方法的学科，是适应现代社会化大生产的需要而诞生的，目的是研究在现有的条件下，如何通过合理的配置资源要素和组织活动过程来实现组织目标。管理学的一项重要议题，是研究怎样正确处理组织中人与人之间相互关系、建立和完善组织机构及各种管理体制、激励组织内成员的问题，从而最大限度地调动各方面的积极性和创造性。管理的基本职能通常包括计划、组织、领导、控制和激励等。其中，在心理学上，激励是指激发人的行动动机的心理过程，是一个不断朝着期望目标前进的循环动态过程；而在管理学上，激励一般是指通过设计适当的外部奖酬形式和工作环境，辅以一定的行为规范和惩罚性措施，来激发和引导组织成员的行为，目的在于有效实现组织及其成员个人目标的系统活动[①]。

对于组织的建立和发展而言，激励的重要性毋庸置疑，正确、恰当地对组织成员的工作动机进行引导和激励，是绝大多数管理者所面临的重要任务之一。未能满足的需要，产生紧张的心理状态，刺激着个人的行为动机，进而形成寻求特定目标（组织目标或个人目标）的行为。目标达成，则需要给予满足，解除紧张状态。一旦实现目标，人们又会产生新的需要，形成一个循环往复、持续不断的过程[②]。

在激励的类型上，一般可以分为物质激励与精神激励。其中，物质激励是指运用物质的手段，使得受激励者得到物质上的满足，从而调动其积极性、主动性和创造性，主要依靠发放奖金、奖品等方式加以实现；精神激励是指精神方面的无形激励，包括授予荣誉称号、向员工授予相应权限、设计公开公平的晋升制度、提供学习和发展机会、实行灵活多样的弹性工作时间制度等。如何灵活掌握两种激励方式的手段与方法，平衡激励方式的使用，使其达到功效最大化，是考验组织管理者的重要课题。

此外，激励的类型还包括正向激励与负向激励、外附激励与内滋激励等。正向激励指的是当成员行为符合组织需要时，通过奖赏的方式对行为进行鼓励，以进一步发扬这一行为；负向激励则是指当成员行为不符合组织需要时，通过惩戒的方式对行为加以制裁，以达到消减这一行为的目的。所采用的奖赏或惩戒的方式，同样具有物质和精神的双重性。无论是正向激励还是负向激励，都是管理者常用的激励手段，从外在的角度对成员进行持续性的激励，以调动其工作的积极性，可以视为外附激励的表现形式；内滋激励则是利用成员的工作兴趣、价值、个人潜力的发挥、满足感的实现等蕴藏于其自身的因素，使其发自内心地产生激励，达到“马不扬鞭自奋蹄”的效果，主要体

---

① 吴琼、戴武堂．管理学基础［M］．湖北：武汉大学出版社，2016：246.

② 童长江、方明亮．管理学基础［M］．湖北：华中科技大学出版社，2017：5.

现在认同感与义务感两个方面[①]。

在激励理论方面，一般可以分为内容型激励理论和过程型激励理论。内容型激励理论针对激励的起因和起作用的因素进行具体研究，着重关注人的需求和行为动机之间的对应关系，通过满足个体的需要来激发行为动机，使其为组织目标服务。主要包括马斯洛的“需要层次理论”、奥尔德弗的“ERG理论”、赫茨伯格的“双因素理论”、麦克利兰的“成就需要理论”等。马斯洛的“需要层次理论”最为人所熟知，这一理论认为，人的需要可以分为5个层次：生理需要、安全需要、归属和爱的需要、尊重的需要、自我实现的需要，各种需要是按次序逐级上升的。当下一级需要获得基本满足以后，追求上一级的需要就成了驱动行为的动力。在马斯洛的理论基础之上，奥尔德弗进行了改进，提出了“ERG理论”，认为人们共存在3种核心的需要，即生存需要（Existence）、相互关系需要（Relatedness）和成长发展需要（Growth），发展趋势由低到高，发展过程既可能跳跃上升，也可能回归，如果较高层次的需要一再得不到满足，人们会重新追求较低层次需要的满足。赫茨伯格的“双因素理论”又称“激励—保健因素理论”，认为不是所有的需要得到满足都能激发人们的积极性，只有工作表现成就、工作带来的满足感、工作成绩带来的奖励、对未来发展的期待等，才能作为激励因素而存在；而像工作环境、劳动保护、企业政策、工资水平等，则可视为保健因素，一旦处理不当，会引起成员的不满，但处理得好也不能起到积极效果，只能维持工作现状。此外还有麦克利兰的“成就需要理论”，主要研究的对象是生存、物质需要都得到相对满足的各级经理、政府职能部门的官员及科学家、工程师等高级人才，认为在人的生存需要基本得到满足的前提下，成就需要、权利需要和合群需要是人的最主要的3种需要。

过程型激励理论着重研究人从动机产生到采取行动的心理过程，主要任

---

① 李伟．组织行为学［M］．湖北：武汉大学出版社，2017：182–183.

务是找出对行为起决定作用的某些关键因素，弄清它们之间的相互关系，以预测和控制人的行为，包括弗鲁姆的“期望理论”、亚当斯的“公平理论”等。“期望理论”认为，正因为人们觉得可以有把握达到某种结果，且该结果对其产生足够的价值，他们才会采取相关行动，即动机激励水平取决于所认为的达到预期结果的程度大小，具体可以表现为：个人努力→个人成绩→组织奖励→个人需要。“公平理论”则侧重于研究工资报酬分配的合理性、公平性及其对组织成员工作积极性的影响。该理论认为，每个人都有追求公平的倾向，所谓公平，是被激励者对自己所得到的报酬与其所作的贡献之间进行的主观比较而得出的。比较可以分为横向比较和纵向比较，横向比较是指自己获得的报偿（金钱收入、晋升机遇、工作安排、赏识程度等）与自己的实际投入（教育程度、时间精力投入情况、岗位重要性等）的比值同组织内其他成员进行比较之后的结果，如果对等，则认为公平，心理得到平衡，反之则认为不公平，工作效率下降。纵向比较是指自己目前的投入程度与所获报偿的比值同过去投入程度与所获报偿的比值加以比较。该理论建议组织建立公开透明的评价标准，使成员最大限度感受公平①。

无论哪种激励方式，最终都要落实到具体的组织之中。本书所关注的工业企业又称工厂，是指拥有以大型机器或设备构成的生产线，使用机械化劳动代替手工劳动的工业场所，这最早出现在18至19世纪的英国，其特点是机械动力替代了人工劳动，生产效率大大提高；形成规模化、专业化的生产与销售，扩大了市场范围；形成较为完整的管理系统，按产品或工艺分成了生产车间、工段和班组，出现了职能化组织结构②。随着工厂组织的生产扩张，成员数量、组织结构和技能要求越来越高，由此产生了大量的管理学理论。尤其是在组织膨胀的情况下，如何解决“委托—代理”的难题，即通过某种制度设计，让作为代理者的员工在委托人（即资方/管理者）不在场的情况下

① 李伟.组织行为学［M］.湖北：武汉大学出版社，2017：184–195.

② 冯苏京.企业1000年——企业形态的历史演变［M］.北京：知识产权出版社，2010：150–155.

也能以委托人的利益行事，成为激励理论主要解决的问题。

与资本主义企业相比，社会主义企业（主要是国营企业或国有企业）在组织形态、管理结构与发展目标上具有显著特征。国有企业由国家对其资本拥有所有权或者控制权，政府的意志和利益决定了国有企业的行为。国有企业以社会主义公有制为基础，在社会再生产过程中，从事商品生产、商品流通和服务性活动，在生产、技术和经济上是一个有机的统一体。企业的任务是用尽可能少的人力、物力和财力，为社会生产量多、质优、价廉的产品和提供优良的服务，为国家提供更多的税利，以满足劳动人民物质文化生活日益增长的需要①。企业的经济职能，使其具有推动生产的天然诉求。为了能够发展经济、追赶发达的资本主义国家，社会主义国家“设计了严密的计划来强制实现生产的高速增长，不论是官方宣传，还是日常的管理和控制，党始终在努力实现数量目标”②。有学者指出，“虽然国有企业单位客观上在社会资源整合与国家动员、统治上扮演了与国家统治机关相似的角色，但如果检索国企内部的治理原则就会发现，生产劳动一直都是企业单位行动的重点”③。

同时，在计划经济时期，国家对社会的整合和控制主要是通过企业（即所谓“单位”）实现的，“单位是连接国家与社会的唯一桥梁。整个社会资源的生产、交换和分配都是通过单位这个中介来完成的”，构成“国家—单位—单位人”的联结模式④。企业的重要职能是执行政府的指令，实施社会治理，并提供公共品。一旦出现自上而下运动式的推行政策，个人的利益受到损害，可以由单位出面进行协调、庇护，满足成员的实际需求，而单位就起到“减压阀”的作用⑤。单位是中国城市居民实现合法社会化的唯一环境，单位人是

① 中国大百科全书：经济学Ⅱ［M］.北京：中国大百科全书出版社，1988：839.
② 科尔奈.社会主义体制：共产主义政治经济学［M］.北京：中央编译出版社，2007：49.
③ 王星.技能形成的社会建构——中国工厂师徒制变迁历程的社会学分析［M］.北京：社会科学文献出版社，2014：189.
④ 路风.单位：一种特殊的社会组织形式［J］.中国社会科学，1989（1）.
⑤ 张静.中国基层社会治理为何失效［J］.文化纵横，2016（5）.

实现合法社会化的唯一身份，个人只能通过单位来获取政治地位、教育、收入、住房和福利，各种生活必需品、社会服务、医疗保健、劳动保险等均由单位通过行政或事务部门及工会提供给职工，形成个人对单位在组织和资源意义上的依附关系[①]。尽管在现代企业制度逐步建立之后，国有企业的社会属性开始剥离，其作为国家与个人之间的中介角色日趋弱化，但是，由于企业党建工作的推进、公有制占据主导的地位不变、时有发生的社会动员以及各种“类单位”的现象，使得企业所具有的政治社会职能并未彻底改变，依然兼有推动经济生产与维护社会稳定的双重目标[②]。

“国有企业作为一种生产经营组织形式，同时具有商业性和公益性的特点，其商业性体现为追求国有资产的保值和增值，其公益性体现为国有企业的设立通常是为了实现国家调节经济的目标，起着调和国民经济各个方面发展的作用。”[③] 由于国有企业属性多元、职能复杂，使得如何对企业成员进行激励、从而提高劳动效率成为一项高难度的工作，无法简单地套用资本主义企业的管理经验，而应努力走出一套适合社会主义企业的新路。

政策制定者、各级部门领导、企业管理层以及学界人物、智库专家，都对企业激励制度的设计与完善提出过“真知灼见”，在实践上也取得过积极正面的效果，但机制单一、手段不合理等“激励失效”问题也普遍存在。本书的目的在于，通过对 70 多年来激励制度探索与实践过程的回溯，寻找破解激励难题的“钥匙”，从微观层面认知激励制度实践与成员个人行为之间的关系，深化对企业理论和激励理论的认识。

---

① 刘爱玉 . 选择：国企变革与工人生存行动［M］. 北京：社会科学文献出版社，2005：145-147.

② 李路路、李汉林 . 资源与交换：中国单位组织中的依赖性结构［J］. 社会学研究，1999（4）.

③ 中共中央关于全面深化改革若干重大问题的决定［J］. 求是，2013（22）.

二、中国国有企业激励制度的形成基础

本书重点探讨的是1949年以来中国国有企业激励制度的形成过程，并对激励制度所产生的效果进行评述。在展开本书的论述之前，首先需要系统总结以下三个问题：中国国有企业激励制度具有哪些与众不同的特征？激励制度的形成基础是什么？究竟是哪些因素的存在造就了1949年之后我们所看到的企业激励形态？

关于中国国有企业激励制度的特征，不少学者提出过类似的观点，认为“非物质激励通常被认为是中国在改革开放前使用得最为广泛的激励工人的方法”，以政治动员、复兴革命精神等方式鼓励工人积极生产，“将某种政治献身精神灌输给普通工人”，实现经济上的跨越式发展，采用的方式包括劳动竞赛、越级提拔、树立典型、政治教育等。即使在改革开放之后，企业实行奖金制、股权制等形式，在物质方面对职工进行“强激励”，但精神激励仍是使用较为频繁的手段，并努力将其融入市场经济之中，以增进精神激励的应用[①]。

除此之外，还有一些学者提及《鞍钢宪法》，认为以“两参一改三结合”为代表的中国企业管理模式，具体表现为：坚持政治挂帅，加强党的领导，大搞群众运动，坚持干部参加劳动，群众参加管理，改革不合理的规章制度，实行工人、行政干部和技术人员的三结合，大搞技术革新和技术革命。这种模式与“专家治厂、利润挂帅、物质刺激、生产第一、技术知识”的苏联《马钢宪法》截然不同。当然，《鞍钢宪法》的实施情况究竟如何，仅仅停留在理念的论述还是在全国普遍地推行，相关研究的深入程度还较为有限。更有学者指出，关于《鞍钢宪法》的讨论，原本应基于微观层面的经济民主如

① 赵明华.国有企业改革中的工人——中国纺织产业的个案研究［M］.北京：社会科学文献出版社，2012：120.

何激励工人提高生产效率，但目前多数论述已将重点置于所得分配或伦理基础，逐步偏离生产领域①。因此，本文在讨论激励制度的过程中不将《鞍钢宪法》作为主要论述对象。

综合各方的讨论，可以得出以下结论：改革开放之前的中国，形成了一套以精神激励为主、物质激励为辅的生产管理模式。精神激励措施的使用范围较为广泛，被视为“解决所有行动领域的问题的有效办法”②；以计件工资制、奖金制为代表的物质激励也大量被使用，但政策的实施过程较为波折，出现过几次被“叫停”的局面，因此只能视为辅助性的激励措施。中国企业的这种管理模式，在社会主义国家显得“独树一帜”。苏联在政权建立之后，即采取较为广泛的物质激励措施，集中表现在计件工资制的广泛使用。如1939年的苏共十八大决议即强调，“必须进一步在工资方面严格地、彻底地实行对优秀工作者的物质奖励。如实行计件工资制、对领导人员实行奖励制、对熟练工人较非熟练工人多付工资等办法。必须彻底消灭制定工资制度时的腐朽的平均主义，并争取使计件工资制与奖励制度更加成为提高劳动生产率、从而成为发展我国整个国民经济的重要杠杆”③。苏联的《政治经济学教科书》中也提到，计件工资制能够刺激劳动者“在生产消耗尽可能少的情况下取得最大数量的产品”④。

苏联特色的计件工资制和物质刺激被认为是“保证苏联人民能在最短的历史时期内在苏联建立起社会主义的重要因素之一”⑤，并对东欧国家的社会主义实践产生了重要影响。波兰在政权建立之后，实行较大范围的累进计件工资制，某些工种的工人超过定额，甚至可以获得50%以上的附加工资⑥。匈牙

① 宋磊．经济民主：主义与问题［M］．北京：社会科学文献出版社，2015：9–10.

② 汤森、沃马克．中国政治［M］．江苏：江苏人民出版社，1994：109.

③ 陆南泉．斯大林工业化道路再认识［J］．科学社会主义，2005（3）.

④ 苏联科学院经济研究所．政治经济学教科书［M］．北京：人民出版社，1955：491.

⑤ 米库尔斯基．社会主义经济中的物质刺激——经互会欧洲成员国的经验［M］．北京：人民出版社，1980：14.

⑥ 拉科夫斯基．回顾与展望：波兰向何处去［M］．北京：东方出版社，1987：12.

利通过计件工资制，使劳动者的生产努力能得到相应的经济报酬[①]。捷克斯洛伐克在 1959 年工作定额改革之前，工人收入的 70% 以上来自计件工资制和超额完成计划的各种奖金；而在改革之后，计件工作在工作小时中所占比重虽然仍近 60%，但计件率则有提高，目的在于巩固对工人的物质刺激，保证产量和生产率的不断上升[②]。罗马尼亚也要求计件工人要占工人总数的 70% 以上，辅之以超额奖金的制度，计件工人的工资要比计时工人高 10% 至 15%[③]。即使是南斯拉夫，同样制定了物质激励的工资制度，给予工作成绩优异的工人相应的奖金和津贴，按照工人的技术熟练程度扩大收入差别[④]。

与苏联、东欧强调物质激励措施的特征相比，中国企业对精神激励的推崇显得“与众不同”，因此从者寥寥。仅有古巴在政权建立初期舍弃计件工资制与物质激励，在企业中推行精神激励和生产动员的方式，以造就社会主义“新人”[⑤]。古巴前领导人格瓦拉曾公开表示，南斯拉夫人“优先搞物质刺激”，应该“清除”这种做法。他提到：“把物质利益当作促进快速发展的杠杆这种毫不新奇的道路的诱惑力非常之大……正确地选择动员群众的手段尤为重要。这种手段根本上应该是精神方面的，同时不要忘记正确利用物质刺激，特别是社会性的物质刺激。我曾说过，在极端危险时期，比较容易加强精神刺激的作用；为了保持精神刺激的有效性，必须培养一种形成新型价值观念的觉悟。”[⑥]1970 年之后，随着格瓦拉派的失势和亲苏派的崛起，古巴企业的管理模式全面仿效苏联，专家治厂、科层制和物质激励成为主要特征[⑦]。

在制度环境相近的情况下，为何在中国的国有企业中长期推行精神激励

---

① 中国社会科学院经济学家代表团 . 匈牙利经济体制考察［M］. 北京：中国财政经济出版社，1984：83.

② 塔波尔斯基 . 共产主义在捷克斯洛伐克（1948—1960）［M］. 北京：世界知识出版社，1965：454.

③ 约耐斯库 . 共产主义在罗马尼亚（1944—1962）［M］. 北京：世界知识出版社，1965：255.

④ 麦克维克、尼尔 . 南斯拉夫的经济改革［M］. 北京：商务印书馆，1963：31.

⑤ 陈美玲 . 古巴农业革命［M］. 北京：社会科学文献出版社，2013：17–22.

⑥ 卡斯塔涅达 . 切・格瓦拉传［M］. 北京：人民文学出版社，2012：304–305.

⑦ 梅萨 . 七十年代的古巴［M］. 北京：商务印书馆，1980：27–33.

的措施？领导人的意志是一个重要的推动因素。毛泽东多次表达了对苏联企业中广泛推行物质激励与计件工资制的不满，认为苏联简单地在企业中套用资本主义企业常见的“泰罗制”和“福特制”，没有在企业管理创新和生产关系变革等方面加以探索。他提到苏联《政治经济学教科书》对于人与人的关系问题只有一句空洞的话，“没有展开，没有分析，没有接触到实质问题”，他认为，在劳动生产中，人与人的关系“是改变还是不改变，对于推进还是阻碍生产力的发展，都有直接的影响”，因为“政治太弱”，所以苏联只能提物质激励，甚至比资本主义更强调个人的物质刺激，这“简直不像样子”①。他还表示，重视物质刺激的苏联，在建设了30多年之后，工农业劳动生产率还没有超过美国。如何提高生产率？关键要依靠物质技术、文化教育和政治思想工作，后两者都是精神作用，需要从精神层面塑造社会主义“新人”②。

工业生产的原始积累要求也是一大推动因素。实现赶超式发展，必然要对积累和消费的比例进行调整，两者之间的矛盾“几乎不可满足……国家投资越多，在其他条件相同的情况下，留给家庭消费的就越少，反之亦然”③。中央政府在制定工资政策时，需要整体考虑工业化的发展基础和原始积累情况：工业基础差，即要求更多的原始积累，分配给工资的基金就少；反之，一旦建立较好的工业基础，对积累的要求就会降低，工人的工资收入也能增加④。中华人民共和国成立初期工业基础的薄弱局面，使得国家需要将大量资金投入工业生产与再生产，而不作为消费资金分配给工人。这是政策制定者偏向于精神激励的重要原因。全民所有制独立核算工业企业利润额，1957年为78亿元，1977年增长至384亿元，积累率常年维持在30%左右，“这使得中国在人均国民收入很低的条件下却有了远高于一般发展中国家和中等发达国家

① 中华人民共和国史学会．毛泽东读社会主义政治经济学批注和谈话（简本）［M］．内部发行，1998：276.

② 毛泽东文集（第八卷）［M］．北京：人民出版社，1999：124-125.

③ 科尔奈．短缺经济学［M］．北京：经济科学出版社，1986：110.

④ 马涅维奇．苏联工业中的工资及其形式［M］．北京：工人出版社，1954：142-143.

的积累率”[①]。

除此之外，实行物质激励政策必须要确立相对公平的分配制度，这对管理者的技术水平提出了很高的要求。以计件工资制为例，这一制度有着严格的实行条件。各类资料与文件均明确指出，计件工资制只有在生产任务饱满、产品品种固定、原材料供应正常、检验制度健全、定额管理规范合理的情况下，才能发挥按劳分配的物质刺激作用。其中尤以定额管理规范合理为重，“定额规定得不合理，统计和检查做得不周密，改行计件工资制的工人的劳动组织得不好”，就会造成计件工资制的有名无实，工资基金超支和产品成本的提高[②]。在这一点上，改革开放之前的中国企业普遍缺少受过训练的技术管理人员，在进行定额管理、质量检验和统计记录时，长期存在记录表格杂乱无章、前后不一，工时、产量记录不实等情况，“以致原始记录不能及时、正确、全面地反映作业计划的完成情况”，工人收入与劳动工作效率、工种复杂程度等不相吻合，甚至实行最基本的工资计划也有困难，约束了计件工资制的推行[③]，这是物质激励政策在中国“屡兴屡废”、长期无法大面积实践的重要原因。

另外，实施精神激励政策一定程度上与人们对物质利益的渴求本能相违背，因此需要强有力的领导团队进行管理与教育。在这一点上，企业党建的作用值得关注。计划经济时期的中国国营企业内的党组织非常稳定，人手充足，大批退役军人和政工干部被派去工厂承担组织工作，可以对工人进行政治教育，并通过擅长的群众动员、思想改造等方式实行劳动管理[④]。“中国特色现代国有企业制度，‘特’就特在把党的领导融入公司治理各环节，把企业党组织内嵌到公司治理结构之中”，这是对 70 多年来中国特色企业制度最好的

① 戴园晨、黎汉明 . 工资侵蚀利润——中国经济体制改革中的潜在危险［J］. 经济研究，1988（6）.
② 谢明诺夫 . 苏联工资制度讲义［M］. 北京：工人出版社，1953：53.
③ 林超超 . 苏联经济核算制与中国计划经济［J］. 史林，2016（1）.
④ 华尔德 . 共产党社会的新传统主义［M］. 英国：牛津大学出版社，1996：128-130.

总结。正是在党组织的有效引领之下，企业才能有条件实行多元化的激励措施，推动生产发展。

综上所述，领导人的意志和原始积累的诉求使精神激励成为工业化初期企业实行的主要激励手段，企业高水平的党建有力地保障了精神激励的推行。同时，技术人员的不足与企业管理水平的相对低下导致物质激励措施缺少大范围的实施条件。但是，这并不代表物质激励手段的废止。相反，在无法采用员工持股、分红激励等措施进行激励，也难以对贡献突出的员工进行专门奖励的情况下，计划经济时期的企业管理者通过计件工资制、奖金制等手段对职工进行物质激励。可以说，企业生产经营情况较好、工人劳动积极性较高，正是精神激励和物质激励紧密联系、相辅相成、共同作用的结果。反之，一旦出现单方面强调精神激励而不谈物质激励，就会出现劳动生产率下降、工作积极性不足的问题。这些历史经验提醒我们，精神激励需要借助物质载体，物质激励则需要包含思想教育，只有二者结合才能事半功倍。如何把握物质激励与精神激励的平衡，构建长效的激励机制，尤其是在物质生活水平提高的情况下满足职工对精神情感的需求，需要企业管理者加以重视与思考。

三、文献梳理与框架设计

对于 1949 至 1978 年企业激励制度的形成与发展，既有研究或从制度层面探讨政府通过行政手段控制企业的运营管理，借助激励措施提高经济效益的过程，视野通常自上而下；或尝试进入企业内部，从企业的组织特性和行为倾向，讨论中国城市社会的结构性特征，视角相对微观，较为注重企业的社会管理功能。以下对已有研究的情况加以简要介绍。

一是站在源头的角度，讨论企业激励制度形成的历史因素。1949 年之后企业激励制度的建立并非平地起高楼，而是有着大量的实践。在这一点上，一些研究者做出了有益的探索。如高超群关注民国企业兴起的科学管理改革，对中国企业管理制度的发展和劳资关系的塑造都产生了重要影响，为 1949 年之后企业激励制度的建立提供经验[①]；卞历南讨论民国企业所采用的工作竞赛运动，认为这些竞赛活动的尝试与 1949 年之后的劳动竞赛制度存在关联。“苏联元素”对企业激励制度的影响也是一些学者关注的议题，如苏联企业中盛行的“一长制”一度在我国企业中推广，之后逐步被“党委领导下的厂长负责制”所取代[②]。又如苏联企业中激励效果明显的“经济核算制”，我国企业也进行了仿效，但在实践过程中出现了调整与扬弃，体现出中苏两国制度实践的差异[③]。

二是进入历史现场，全面梳理企业激励制度的内容和方式。对于物质激励，典型做法是计件工资制，通过物质刺激的方式激励工人，这一做法效果明显，但也出现了工人分化与激励异化的问题，并影响了技术养成、劳动力调配等领域，导致个体与组织之间产生巨大张力[④]。同时，计件工资制所蕴含的绩效主义与个体至上倾向与领导人的执政理念存在矛盾，且这一制度的经济刺激作用会产生激化社会矛盾、削弱执政基础的后果，这些观点一定程度上决定了工资制度的发展方向[⑤]。为了能够规避激励异化所带来的问题，企业管理者进行了制度改良，推出了“半计件工资制”等新措施，取得了较好的实践效果[⑥]。在精神激励方面，企业主要采取劳动竞赛、树立典型、越级提拔、政治教育等方式。劳动竞赛针对劳动者进行激励增效，较好地激发了企业职工的劳动热情和创造精神，但也存在“数字游戏”“锦标主义”等情况，且

---

① 高超群．科学管理改革与劳资关系——以申新三厂和民生公司为中心［J］．中国经济史研究，2008（3）．

② 田毅鹏、苗延义．单位制形成过程中的“苏联元素”——以建国初期国企“一长制”为中心［J］．吉林大学社会科学学报，2016（3）．

③ 林超超．苏联经济核算制与中国计划经济［J］．史林，2016（1）．

④ 林盼、朱妍．工人分化与激励异化：五十年代国营工厂的计件工资制度［J］．史林，2015（3）．

⑤ 林盼、朱妍．经济政策的政治理念：五十年代计件工资制的存废［J］．中共党史研究，2015（5）．

⑥ 林盼．既要效率，也求均等：20 世纪 60 年代半计件工资制的实施［J］．中国经济史研究，2019（1）．

随着时间的推移，劳动竞赛的激励效果有下降趋势①。同时，企业还通过树立典型的方式，激励工人不断实践先进定额②。越级提拔的做法，集中表现为从工人中提拔技术干部，尤其是在“大跃进”时期集中选拔了一批“工人工程师”，工人受到了激励，但也造成了技术管理工作的混乱，因此在“工业七十条”中被重新规范③。此外，企业还采用政治教育的方式塑造工人的“主人翁”意识和革命劳动伦理，并制定相应的劳动纪律，以教育和纪律来带动生产，也可视为精神激励的组成部分④。

三是回望历史发展，评估企业激励制度的实践效果。改革开放初期，有关计划经济时期企业激励制度实践效果的讨论多数持有较为负面的态度，认为企业尽管采取了物质激励和精神激励的措施，但仍出现“激励不足”的状况，这成为1978年之后企业管理和产权制度改革的出发点。而从2000年前后开始，一些学者重新评价改革开放之前企业激励制度的效果，认为“激励不足”并不能够解释这一时期工业战线上所取得的成绩。有学者认为，以《鞍钢宪法》为代表的企业管理制度，依靠“经济民主”提高生产积极性⑤。还有学者认为，改革开放之前的企业是一个封闭的生态系统，由政治运动和日常学习所产生的服从压力促使工人积极生产，因此要关注集体意识、组织认同等精神激励的积极作用⑥。

四是从横向比较的视角，思考中国企业激励机制的特色。有学者从企业组织结构的角度加以比较，认为中国和苏联企业管理层构成的不同，是造成

---

① 林超超．生产线上的革命——20世纪50年代上海工业企业的劳动竞赛［J］．开放时代，2013（1）．

② 张婧．劳动模范：在道德与权力之间——从社会学的视角看一种道德教育制度［J］．开放时代，2007（2）．

③ 林盼．红与专的张力：1949—1965年国营工厂提拔工人技术干部研究［J］．学海，2015（3）．

④ 吴长青．革命伦理与劳动纪律——20世纪50年代初国营企业的劳动激励及其后果［J］．开放时代，2012（10）．

⑤ 崔之元．鞍钢宪法与后福特主义［J］．读书，1996（3）．

⑥ 李怀印、黄英伟、狄金华．回首“主人翁”时代——改革前三十年国营企业内部的身份认同、制度约束与劳动效率［J］．开放时代，2015（3）．

激励制度差异的重要原因[①]。另有学者表示，除了企业组织结构之外，技术管理人才的储备程度和定额管理制度的建立情况也是导致激励方式出现国别差异的重要因素。

上述研究主要针对改革开放之前企业激励制度的实践情况，并从各个角度进行分析。改革开放之后，尤其是在20世纪90年代现代企业制度逐步建立以来，企业如何在“三项制度”上加以创新，如何对工人进行激励，现有的成果多数还是采用描述的手法加以归纳总结，制度层面讨论较多，而对于政策的施行情况，尤其是工人的态度看法揭示不多[②]。

本书的研讨，即从上述文献的基础上逐次展开。除本章之外，将以五章的篇幅，回顾中国企业激励机制的演变过程，探讨政策制定的理念、企业执行的情况及其后果，并将改革开放前30年和后40多年加以联系，整体性地观察激励制度“变”与“不变”的内容。需要指出的是，本书主要以国企（即全民所有制企业，1993年前称国营企业，1993年后称国有企业）为研究对象。除非加以说明，否则本书所提到的“企业”俱为“国企”。

第二章“中国企业激励机制的形成”，追溯中国企业激励机制的三条渊源，即民国企业的管理方式探索、根据地时期的制度遗产、“苏联模式”的影响。认为民国企业“按件计酬”的制度实践、劳动竞赛的试行、根据地时期所推行的劳动表彰活动以及苏联广泛推行的计件工资制，都为1949年之后企业激励制度的形成提供了重要借鉴。

第三章“如何在精神层面激励工人？”，全面回顾改革开放之前在企业中所实行的精神激励措施，包括越级提拔、劳动竞赛、政治教育等，这些构成了社会主义意识形态的重要组成部分，在中国企业中广泛推行，取得了较好的激励效果之余，也存在着诸多值得讨论与思考的问题。

---

① 贾文娟．国家社会主义的劳动体制及其转型——基于对国家社会主义时期的苏联、东欧和中国劳动体制的比较［J］．兰州大学学报（社会科学版），2016（3）．

② 汪海波．中国国有企业改革的实践进程（1979—2003）［J］．中国经济史研究，2005（3）．

第四章“改革开放之前物质激励的探索”，这一章具体关注物质激励的代表性措施——计件工资制在改革开放之前企业中的实行情况，认为在物质激励手段相对有限的情况下，企业管理者积极推行计件工资制，对工人产生了一定的激励效果。但是，计件工资制强调多劳多得、少劳少得，容易造成收入的差距拉大，由此引发的工人内部矛盾与群体分化局面不利于政治稳定。同时，工资定额的技术管理水平较低，信息收集困难，导致计件工资制无法准确地反映工人的实际劳动成果。因此，计件工资制在企业中“命运多舛”。

第五章“改革开放初期激励制度的调整与创新”，认为改革开放初期，随着思想上拨乱反正工作的进行，企业逐渐掌握更大的自主性，在奖励形式、资金分配等方面获得一定的自由度，进而形成了将个人的劳动所得与企业的整体效益相挂钩的趋势。同时，从 20 世纪 80 年代后期开始，承包制和股份制等新激励工具的使用也对激励效果的提升有所帮助。

第六章“现代企业制度背景下激励手段的探索”，提出 20 世纪 90 年代现代企业制度建立以来，激励制度改革的方向主要针对的是重点人群尤其是针对企业经营者的激励，年薪制和股权激励等措施的使用提高了企业头部群体的整体收入情况。针对普通产业工人的激励，尽管也有一系列制度探索与实践，但总体而言，对工人的激励不足是普遍现象。同时，精神激励和企业文化建设的缺失是需要关注的重要问题。

本书在资料上主要用的是上海档案馆所藏工业档案，尤其注重收集企业会议记录以增加“现场感”。《中华人民共和国经济档案资料选编》《建国以来重要文献选编》《建国以来中共中央关于工人运动文件选编》等文献汇编、《人民日报》《解放日报》《工人日报》《劳动》《机械制造》等报纸杂志、《毛泽东选集》《毛泽东文集》《刘少奇选集》《邓小平文选》等领导人讲话、各类介绍企业管理方法和工资统计方式的书籍，也是本书重要的资料来源。此外，本书在写作过程中注重国别比较，尤其是将中国的企业激励制度与同为社会主义国家的苏联对比研究，因此也收集了不少与苏联企业相关的资料。需要说明的是，本书只是相关研究的阶段性成果，尚有不少缺憾有待今后弥补，万望得到读者的理解与指点。

第二章

中国企业激励机制的形成

关于“制度”，不少经济学家从各种角度进行过论述。舒尔茨看来，制度是“一种行为规则，这些规则涉及社会、政治及经济行为”，是某些服务的供给者，应经济增长的需求而产生[①]。道格拉斯·诺斯也表示，“各种组织的形成发展，要受到基本制度的框架影响。反之，组织也对制度框架的如何发展产生影响”。这些论述的共性在于，都非常重视经济史的价值，认为一项制度的建立和完善往往受到过去对现在和未来的强大影响，“不去追溯制度的渐进性演变过程，我们就无法理解今日的选择”[②]。

因此，若要理解和研究改革开放以来企业激励制度的发展变迁，就需要追溯到改革开放前30年的制度实践，甚至要追溯到民国时期的探索过程，并将百年以来的企业管理和激励制度视为一个持续演变的过程进行研判。无论哪个阶段都不是平地起高楼，都受到之前各种历史条件的影响，“路径依赖”所导致的各种历史遗留问题形塑了后续的发展方向与变迁过程。总的来说，1949年之后企业激励机制的形成大致有三条渊源，即民国企业的管理方式探索、根据地时期的制度遗产、“苏联模式”的影响。本章将对此三条渊源分别加以论述。

一、民国企业的管理方式探索

从19世纪60年代至20世纪40年代，中国企业管理制度走过了近百年的探索之路，逐步形成了兼有西方影响和本土特征的管理模式，在车间秩序、

---

① 科斯，等.财产权利与制度变迁——产权学派与新制度学派译文集［M］.上海：上海三联书店，1991：253.

② 诺斯.制度、制度变迁与经济绩效［M］.上海：上海三联书店，2008：5-6、138.

会计制度、工资制度等方面都有创新，这为1949年之后的制度实践提供了有益的借鉴。以往关于近代企业的研究，多关注产权制度的演变，重视股份制有限责任公司实践的状况，但对于企业管理方式的观察相对不足。更重要的是，1949年之后，为了能够恢复经济、稳定生产，中央制定了“包下来”的政策，国营企业的技术管理岗位仍由民国企业的“留用人员”占据，因此，在企业的管理事务上有所延续。这一点在既有研究中涉及较少，也是今后相关研究理应关注的问题。

（一）“按件计酬”的实行

不少民国企业采用“按件计酬”，即计件工资制的手段，对职工进行物质激励。这种做法多数在纺织企业中推行，在火柴业、烟草业、建筑和煤矿等行业也有实行。以纺织业为例，粗纱车间、钢丝车间、筒子车间、摇纱车间等部门多施行计件工资制，依据所做的纱或布的多少来计算工钱，纺织工人把这种做法称为“做自家生活”，又称为“活工钱”。相对而言，“按时计酬”，即所谓的“计时工资制”，每天的工资数额较为确定，工人将其称为“做厂家生活”，又称为“死工钱”或“呆工钱”，一般将手头应做的工作完成，就想办法休息，或者放慢速度，劳动强度明显小于计件工人。从纺织业的情况来看，计时工资一般用于清花车间、弹花车间、细纱车间等，以及职位较高的拿摩温、技术工人、小工童工等①。

根据上海市统计局1930年的一项调查，在总共40种行业240家工厂中，只有计时工人而无计件工人的有造船等22种行业，计件工人、计时工人兼有的有棉纺业等18种行业。而在这18种行业当中，件工比时工多的有：内衣业，约占95.45%；卷烟业，约占79.91%；针织业，约占67.03%；毛巾被毯业，约占58.02%。其余各行业都是时工占的百分数比较大。如造船业、机器

① 朱邦兴，等.上海产业与上海职工［M］.上海：上海人民出版社，1984：52-53.

制造业、软管制造业、印铁制罐业、面粉加工业、榨油业、调味品制造业、制革业、制皂业、造纸业、印刷业等行业，甚至没有计件工人的存在。如就件工分布的部分分析，大概为纺织业中的纺部和织部，火柴业中的齐梗、排板、折板和装盒各部，搪瓷业中的制坯部和美术部比较普遍①。另据一项1933年对上海16种行业165863名工人的调查显示，实行计件工资制的工人有93707人，占全部工人的56.4%；实行计时工资制的工人有72156人，占全部工人的43.6%②。

与1949年以后推行的计件工资制相比，民国企业的工资发放形式相对灵活，这与企业的所有制性质有关。民国时期的企业为资本主义属性。在这些企业中，工资和利润互成反比，“利润增加多少，工资就降低多少，而利润降低多少，则工资会增加多少”③。劳动者固然追求工资最大化，“但所有者也在追求利润最大化，两相冲突的结果是使工资维持在与劳动生产率相适应、满足劳动力再生产要求的水平上”④。因此，工资的发放额度是以利润额和支出额为标杆。为了避免计件工资制发放超额所带来的利润减少、支出过多等问题，资本主义企业一般会严控计件单价，“随着劳动生产率的改变，同一产品量所代表的劳动时间也会改变”⑤，工资的下降与同一时间内所生产的产品件数的增加成比例。管理者习惯于“将报酬率降低，使雇用劳动者虽然产出增加，报酬却大致不变”⑥。

民国企业所实行的按件计酬，“给资本家提供了一个十分确定的计算劳动强度的尺度。只有体现在一个预先规定的并由经验确定的商品量中的劳动时间，才被看作社会必要劳动时间，并以这种劳动时间来支付报酬”。在实行了

---

① 李文海．民国时期社会调查丛编［二编］：城市（劳工）生活卷（下）［M］．福建：福建教育出版社，2014：393.

② 于颖．有关旧中国劳动日和工资的一些资料［J］．教学与研究，1962（4）.

③ 马克思．雇佣劳动与资本［M］．北京：人民出版社，1961：33.

④ 戴园晨、黎汉明．工资侵蚀利润——中国经济体制改革中的潜在危险［J］．经济研究，1988（6）.

⑤ 马克思．资本论（第一卷）［M］．北京：人民出版社，2004：611.

⑥ 米勒．管理困境：科层的政治经济学［M］．上海：上海人民出版社，2002：150.

计件工资制之后，“工人的个人利益就会使他尽可能紧张地发挥自己的劳动力，而这又使资本家容易提高劳动强度的正常程度”，进一步压榨工人的劳动[①]。计件工资制“给资本家带来很多好处……工人为了自己的利益，没有别人强迫，也会在每小时劳动时间内努力生产尽可能更多的产品”[②]。按件计酬的工人进厂之后就加紧工作，一些工人为了能够多赚钱，往往凌晨上工，下工后主动加班，劳动强度特别大，“这种工资制度本身就督促着工人拼命地做下去，所以资本家的剥削程度是最高的”，“迫使工人在个人生产率方面进行相互竞争，工人之间的过度竞争会导致生产率的提高和工资的下降，甚至很有可能使其低于劳动力的价值”[③]。

对于资本家而言，计件工资制和计时工资制的使用不过是在两种获取利润的工具之间所做的“选择题”而已。计件工资制在剥削与压迫方面具有更大的优势，因此更受资本家的重视。而在选择具体的工资给付方式时，资本家往往非常机动，对于工人的日劳动、周劳动，究竟应当支付多少日工资、周工资，完全由资本家根据自身利益的诉求调整。例如，在使用计件工资制支付工人工资时，一旦使工资在某个标准固定下来，使工人的工资水平出现大幅提高，资本家就会把计件工资制变成计时工资制来支付报酬。反之，如果一段时间内生产效率低迷不振，资本家就会将计时工资制临时转变为计件工资制。在民国企业中，往往出现月底为了赶工，企业管理者将“死工钱”改为“活工钱”、督促工人加班加点的情况[④]。

从一些民国企业的工资数据来看，一旦开始以计件工资制结算，工人收入往往出现明显提高。据刘大钧的统计，“计时工资亦远不及计件工资之高。前者每小时平均工资不过四分五厘，而后者则达一角五分九厘，故后者每日

① 马克思．资本论（第一卷）［M］．北京：人民出版社，2004：603-612.
② 考茨基．马克思的经济学说［M］．北京：生活·读书·新知三联书店，1958：165.
③ 哈维．跟大卫·哈维读《资本论》（第一卷）［M］．上海：上海译文出版社，2014：262.
④ 朱邦兴，等．上海产业与上海职工［M］．上海：上海人民出版社，1984：52-53.

平均工资为一元六角五分五厘”[①]。但是，由于计件工资制与计时工资制经常处于切换状态，不少计件工人在多数时段是按照工作时间结算报酬，因此，从总数来看，工人收入的差距并不大，甚至还出现过件工收入不如时工的情况。根据申新九厂 1938 年 7 月的工资表显示，有七个部门同时存在按件和按时计酬，其中三个部门的件工收入超过时工，一个部门基本持平，另外三个部门的件工收入明显不如时工。

此外，之前实行的计件工资制存在诸多不合理现象，“只有一个按产品单价计算的计价工资，没有劳动定额、没有标准工资、没有工体物等级”[②]，同工不同酬，高低悬殊，同级别工人的月收入差距可能超过 5 倍；级多差少的情况也广泛存在，一些企业的工资级别甚至超过 200 级，级别之间只有一角钱的差别；还有企业出现轻重倒置的状况，一些部门的低级工收入超过别的部门中高级工。这种混乱而复杂的工资制度使工人的收入得不到保障，积极性大打折扣。即使是明文规定的工资，也经常由于各种原因无法兑现。有学者指出：“从 1929 年起直到解放前夕，工资一般都直线下降，而且就下降的速度来看，是一般资本主义国家所少见的。”[③]不少企业对工人进行减薪，应当发放的红利推迟或干脆不发，或让工人自售以代薪。计件工资也多改为计时工资，并延长工作时间，日工资大为降低。企业主还力图减少月俸工的数量，尽量多招临时工以代替月俸工。1948 年以后，企业家又常以结算账目困难为由迟发工资，且所发多为本票，前往钱庄兑换现款需要一天，此时通货膨胀极为严重，工人一般要损失 30% 左右的收入，因此苦不堪言[④]。工人担心失业，只能忍辱负重，所谓激励也沦为“纸上谈兵”。

除此之外，民国企业还有其他的工资奖励形式，如奖赏工资，即所谓

---

① 刘大钧．上海工业化研究［M］．上海：商务印书馆，1940：86-87.
② 李唯一．中国工资制度［M］．北京：中国劳动出版社，1991：230.
③ 胡钧．旧中国的工资问题简论［M］．上海：上海人民出版社，1959：61-62.
④ 陈雁、马军．旧稿拾遗——上海工厂史料两种［M］．上海：线装书局，2019：93.

“成绩赏”和“生产快赏”，前者根据工人一天的生产成绩决定，数目很少；后者是在一个结算工资期内，工人的生产量如果超过厂方规定的生产定额，就按等级付给赏金。此外还有“勤工赏”，即对不停工或提早上班的工人给予奖赏。普遍实行的还有年金，即在每年年底结算盈余之后，从利润中拨出一部分给予工人作为鼓励，以稳定工人情绪，限制“跳厂”行为。

（二）劳动竞赛在民国企业内的使用

部分民国企业也尝试采用工作竞赛的方式对职工进行生产激励。卞历南在《制度变迁的逻辑》一书中重点对民国企业的工作竞赛进行论述。他认为，这种竞赛发端于新生活运动和国民经济建设运动，目的在于“奠立民族之精神”和“充实民族之物质”①。为了能够推进国民经济建设，国民党中央委员会发布了《工作竞赛制度大纲》，旨在“将运动比赛之办法扩充于农工业及其他各业，以增进生产，加强工作效率”，并列出了工厂内部工人之间的竞赛，不同工厂之间的竞赛，乃至不同城市之间的竞赛等几种不同的竞赛方法，还对竞赛优胜者的奖励办法进行说明。1940 年，蒋介石多次在讲话中提倡工作竞赛，以此增加生产，完成建设。

1945 年前后，国统区政治、经济、社会、文化领域都开展了工作竞赛运动。以生产事业部门为例，工作竞赛包括粮食增产、棉花增产、农田水利增产、桐油增产等，还有煤矿工人、钨矿工人、汞矿工人的工作竞赛。据资料所示，工作竞赛成效“颇可观”，不少行业的平均产量大为提升，甚至打破历年最高纪录，同时节约了成本和人力、提高了工作效率。位于重庆的民生机器厂在开展工作竞赛时，“整个工厂充满紧张、活跃、热烈的气氛”，工人的“脸上都表现出严肃沉重的神气，运用他们敏捷精巧的技艺辛勤地工作着……都知道这不仅是为了自己的生活而工作，同时也是为了抗战与建国而

---

① 卞历南．制度变迁的逻辑［M］．浙江：浙江人民出版社，2011：170-175.

工作……更知道在目前大时代中的工作不应有堕落苟安的习气，而应有蓬勃奋发的精神，必须担负起发展国防交通工业的重任”，平时“锉制六角形螺丝帽每十五只共需六小时，实施竞赛后仅需五又六分之一小时”①。

关于工作竞赛的理念来源，据蒋介石所言，“工作竞赛，为苏联五年计划成功之一大因素，利用人类好胜心理，诱激其兴趣而增加其效率，故效率始于矿工，终乃普之各业”②。国民党中央党部副秘书长甘乃光也表示，“民生主义，有人就解释为中国实用的社会主义，这是相当对的……民生主义的国民经济建设运动，在建设的过程中，亦会受同样的损失。自从苏联一个煤矿工人斯达汉诺夫在一定的工作时间挖出比其他工人更多的产量之后，苏联就推行斯达汉诺夫运动，其实这种运动就是工作竞赛运动。通过这种运动，就可以将被取消了的自由竞争中的金钱诱发力替以心理的诱发力，可以说工作竞赛运动就是弥补了社会主义的缺憾。中国在发展国营事业过程中，这个制度可以说是很重要的理论与制度的补充。若能实行此制，国营事业自然不致因取消了资本主义式的自由竞争而致退化或腐化”③。1939 年末，国民党中央训练委员会拟订的《工作竞赛刍议》中也明确提出，“本书系酌取苏联社会主义竞赛原则，参照我国情形，设为方案”④。

可见，国民政府推行的工作竞赛带有浓重的“苏联特征”。对劳动竞赛制度的仿效，是 20 世纪 30 年代一系列参照苏联实行“计划经济”的具体表现。“由于西方经济危机与苏联完成五年计划的示范性作用，中国思想界……几乎完全被政府干预的魅力所征服。”⑤通过工作竞赛的方式，对职工进行精神激励（当然也有一些物质方面的奖励），目的在于“利用人类好胜及好荣誉心理”，以达到“马不扬鞭自奋蹄”的效果。同时，战时令人咋舌的通货膨胀现

① 杨可．同舟：职业共同体建设与社会群力培育［M］．北京：社会科学文献出版社，2019：25–32.
② 莫子刚．抗战时国统区后方生产竞赛运动之初探［J］．安徽史学，2008（2）.
③ 甘乃光．中国行政新论［M］．上海：商务印书馆，1943：110–111.
④ 卞历南．制度变迁的逻辑［M］．浙江：浙江人民出版社，2011：171.
⑤ 黄岭峻．30—40 年代中国思想界的“计划经济”思潮［J］．近代史研究，2000（2）.

象，使通过收入待遇激励工人的物质方式难以起到效果，并且失去刺激作用。抗战胜利后，由于国民政府准备大打内战，对工作竞赛的热情削弱，因此，该运动不可能大规模地开展。

1949 年，由于战争长期的破坏，国民经济几乎处于崩溃状态。全国工农业生产总值只有 466 亿元，其中工业产值占比只有 30%。与历史最高水平相比，重工业生产下降幅度甚至达到 70%，轻工业也下降了 30%，手工业生产下降了 43%[①]。同时，失业问题极为严重，1949—1952 年，全国城镇失业人员数量分别达到 474.4 万、437.6 万、400.6 万和 376.6 万，失业率基本为 20% 左右[②]。这种百废待兴的局面促使中央提出了一系列恢复经济和稳定政治的政策，“新政权不仅没有触动私人工商业者的权利，甚至对被没收企业中的原有管理权威都基本维持了现状”。毛泽东提出，“接收工作要‘原封原样，原封不动’，让他们开工，恢复生产，以后再慢慢来”。1949 年中共中央《关于接收官僚资本企业的指示》明确规定：“对于旧的统治阶级所组织的企业机构，生产机构，在打倒旧的主人，换成新的主人之后，则不应加以破坏，而应加以保持，然后依照革命阶级科学准备的水准逐渐加以改良即可。”[③]

本着迅速恢复生产、稳定社会秩序的目的，执政者以来者不拒的姿态，动员原有人员留在原来的岗位[④]。1949 年初，中国共产党中央委员会发布命令，要求“不要打烂旧机构”，人民解放军和新成立的各地方当局区别对待资源委员会和国民政府国营企业的技术官员，设法留住这些企业的经理、工程师、技术员，并保持他们的“原职、原薪、原制度”[⑤]。这一政策被形象地称为“包下来”。在 1949 年 4 月发布的《中国人民解放军布告》中规定，“所有在

① 邬正洪，等 . 中国社会主义革命和建设史（1949—1992）[M] . 上海：华东师范大学出版社，1993：5.

② 程连升 . 中国反失业政策研究（1950—2000）[M] . 北京：社会科学文献出版社，2002：63.

③ 路风 . 单位：一种特殊的社会组织形式 [J] . 中国社会科学，1989（1）.

④ 傅高义 . 共产主义下的广州：一个省会的规划与政治（1949~1968）[M] . 广东：广东人民出版社，2008：47.

⑤ 范寿新 . 建国初期对官僚资本的没收和改造 [J] . 党史研究 .1989（5）.

官僚资本企业中供职的人员，在人民政府接管以前，均须照常供职，并负责保护资财、机器、图表、账册、档案等，听候清点和接管”，这些人员的覆盖面达到 75 万人以上，“只要有一技之长而不是反动有据或劣迹昭著分子，一概予以维持，不要裁减……凡愿继续服务者，在人民政府接管后，准予量才录用，不使其流离失所”[①]。这些企业的“留用人员”，“拥有为政治统一和国家重建这一紧急任务所迫切需要的专门技能”[②]。用时任上海市市长陈毅的话来说：“我们共产党在政治军事方面是行家，但在经济建设方面还得依靠你们这些人。”[③]

综上所述，1949 年之后的数年间，工厂的行政、管理和技术性业务多数仍掌握在“留用人员”手中[④]。由于民国企业大量推行以计件工资制为代表的物质激励措施，加上以工作竞赛为代表的精神激励手段，使得这一时期实行的生产激励政策主要表现为计件工资制与劳动竞赛。这可以体现出民国企业的激励方式探索对 1949 年之后企业管理的影响[⑤]。有学者估计：“1953 年至 1957 年间工业生产的增长，有 2/3 来自原有工厂生产的扩大。”[⑥]当前关于企业史的研究多以 1949 年为界，将研究对象划分为“近代企业”与“社会主义企业”。随着研究的深入，未来理应有更多的研究成果关注到制度延续的一面。

二、根据地时期的制度遗产

根据地时期对激励方式的探索，是 1949 年之后企业激励机制形成的一大

---

① 何光. 当代中国的劳动力管理［M］. 北京：中国社会科学出版社，1990：163.

② 莫里斯·迈斯纳. 毛泽东的中国及后毛泽东的中国：人民共和国史［M］. 四川：四川人民出版社，1992：108.

③ 谢佩和. 我们坚持留在宁沪. 回忆国民政府资源委员会［M］. 北京：中国文史出版社，1988：281-292.

④ 麦克法夸尔、费正清. 剑桥中华人民共和国史（上卷）［M］. 上海：上海人民出版社，1990：76.

⑤ 王文章. 中国现代化进程中的国家与市场：从孙中山、毛泽东到邓小平［M］. 北京：北京大学出版社，2004：20.

⑥ 伍晓鹰. 中国工业化道路的再思考：对国家或政府作用的经济学解释［J］. 比较.2014（6）.

源头，其重要性远远超出民国企业的影响。“新中国成立以后，对原有企业实行民主改革，废除把头，建立工会，特别是建立了党组织，实行党委领导下的厂长负责制，这主要延续的还是中共根据地的传统。”[①] 那么，1949 年之前，共产党在组织管理方面进行了哪些有益的实践呢？

回顾历史，早在 1933 年 8 月，中央苏区各厂矿企业和地方乡村就已开展劳动竞赛，提出比数量、质量、成本等内容的竞赛目标，评选模范，表彰先进，给予精神和物质奖励[②]。参加劳动竞赛的工人和农民成立技术研究组，组织互教互学活动，交流技术经验，举行产品展览，由此加强了工人之间、农民之间的团结，提高了劳动生产率，节约了原料资金。同时，劳动竞赛也促进了企业管理制度的建立与健全，加强了质量、产量、原材料消耗量等方面的检查考核。此外，劳动竞赛的发动都会签订竞赛条约，对竞赛的项目、经济技术指标、竞赛的时间、检查的次数和方法、奖品的种类和数量等要求都规定得非常细致，还要求竞赛各方的负责人和公证人签字盖章。毛泽东提到，在竞赛期间，“乡代表会开了检阅会议，由值日代表报告情形，知道各村做到了什么程度。会后主席等（即公证人）到各村去巡视，看值日代表的报告是否‘打花’（扯谎）……每一次竞赛，都要做出总结，并且实行给奖”[③]。

中央苏区时期的劳动竞赛经验，影响了之后抗战时期的大生产运动。其时，地处西北黄土高原北部的陕甘宁边区面临艰难的生存局面。最困难的时候，“几乎没有衣穿，没有油吃，没有纸，没有菜，战士们没有鞋袜，工作人员在冬天没有被盖。国民党用停发经费和经济封锁来对待我们，企图把我们困死，我们的困难真是大极了”[④]。为此，中央领导人号召“自己动手、自力更

① 王礼琦、李炳俊 . 第二次国内革命战争时期中央革命根据地的劳动竞赛［J］. 经济研究，1979（1）.

② 中央苏区工人运动史征稿协作小组 . 中央革命根据地工人运动史［M］. 北京：改革出版社，1989：80.

③ 毛泽东文集（第一卷）［M］. 北京：人民出版社，1993：319.

④ 毛泽东选集（第三卷）［M］. 北京：人民出版社，1991：892.

生、生产自救”，并总结出了“发掘典型、总结经验、组织宣传、开会表扬”的经验，兴起了轰轰烈烈的大生产运动，主要的方式是开展劳动竞赛、树立典型人物。

在开展劳动竞赛方面，1942 年 2 月，边区建设厅决定，由各级政府派出工作人员，会同村长帮助农民群众制订生产计划，农户按照生产计划完成生产任务，各农户之间开展了生产比赛，以增加农业产量，激励生产热情。各生产合作社、互助组也随之制订了相应的生产计划，并开展劳动竞赛。为了保障劳动竞赛活动的顺利开展，边区政府先后颁布了《陕甘宁边区人民生产奖励条例》《督导民众生产运动奖励条例》《机关、部队、学校人员参加生产运动奖励条例》等，对在大生产运动中做出突出成绩者予以精神和物质奖励。在农业战线之外，党政军各机关、学校单位及厂矿企业也组织劳动竞赛，为扭转边区财政经济的困难局面、解放发展劳动生产力、增加社会物质财富、争取抗战的最后胜利发挥了重要作用[①]。

随着劳动竞赛的开展，各行各业逐渐出现了代表性的人物和运动，其中最具有代表性的是工业领域的“赵占魁运动”。赵占魁是西北农具厂的一名翻砂工人，他在自己的工作岗位上，“经常工作在 12 小时以上，大热天，穿起棉衣代替石棉衣，汗水不停地滴在熔铁炉前，从没有叫过半声苦”。他的劳动干劲和先进事迹得到了陕甘宁边区政府的重视和表彰，毛泽东给予了高度评价，“奖励赵占魁这件事做得很好……平时我听说你们要找斯达汉诺夫，赵占魁同志就是中国式的斯达汉诺夫。你们把他的优点总结起来，树立标兵，推广到各工厂各生产单位去”[②]。毛泽东还在《经济问题与财政问题》报告中专门提出，“应改善职工会的工作，发展赵占魁运动于各厂”。随后，边区总工会发出《关于开展赵占魁运动的通知》，要求通过这一运动，“克服少数工人中经济主义、平均主义、不安心工作等现象，以达到提高工人政治觉悟、稳定

① 王伯英．陕甘宁边区农业生产运动中的劳动竞赛［J］．兰州工业学院学报，2018（3）．

② 王光荣．穆青与边区劳动英雄赵占魁［J］．党史天地，2001（1）．

生产情绪、激发劳动热忱、增加生产质量、改造工会工作的目的”[①]。在中央的倡导下，“赵占魁运动”又普及到边区各私营炭窑、木工作坊和敌后抗日根据地，先后涌现出张秋凤、甄荣典等工人学习榜样，实现了工厂产量增加，质量的提高，成本的下降。一些工厂在不增员的前提下，平均增产 30%~50%，有的厂高达 120%~150%，废品率减少了两成以上[②]。

在树立典型人物方面，“劳模运动是边区生产和各项建设工作的组织形式和工作方法，也是创造典型和推广典型的运动”[③]。劳动英雄和劳动模范在大生产运动中“创造了超过一般人的劳动标准和工作标准，影响和推动其他群众向他们学习，向他们看齐，把高的标准逐渐普及，把低的标准逐渐提高，使生产和工作不断地进步”，起到了重要的模范带头作用。为推动工农业生产运动的发展，边区各分区各县先后召开大会评选劳动英雄和劳动模范，并进行表彰奖励。用李富春的话来说，“我们要生产出成千上万的劳动英雄来”[④]。

1939 年底发布的《陕甘宁边区群众机关生产工作的初步总结报告提纲》指出，这一年生产任务完成的一个重要原因是组织上形成一个热烈的生产运动，党政军民自上而下一致动员起来进行生产，创造出大批劳动英维。在名誉上、物质上奖励劳动英雄是实现目前生产工作中心任务的几项重要方法之一[⑤]。1943 年 11 月，第一届劳动英雄及模范工作者代表大会在延安召开，毛泽东给 22 位劳动英雄的奖状上题词。1944 年 12 月，第二届劳动英雄及模范工作者代表大会在延安召开，对评选出的劳动英雄进行奖励。边区政府特别签署命令，要求“给奖时应召集附近之居民开群众大会，并将受奖者的姓

① 周海燕 .“赵占魁运动”：新闻生产中工人模范的社会记忆重构［J］. 新闻记者，2012（1）.

② 岳谦厚、刘威 . 战时陕甘宁边区的劳动英模运动［J］. 安徽史学，2011（1）.

③ 陕西省档案馆 . 抗日战争时期陕甘宁边区财政经济史料摘编：第 2 编・生产自给［M］. 陕西：陕西人民出版社，1981：11.

④ 陕甘宁边区财政经济史编写组、陕西省档案馆 . 抗日战争时期陕甘宁边区财政经济史料摘编：第 1 编・总论［M］. 陕西：陕西人民出版社，1981：105、274.

⑤ 陕西省档案馆，等 . 陕甘宁边区政府文件选编（第 1 辑）［G］. 北京：档案出版社，1986：207、237.

名、履历及受奖者条件，在全县各种会议上或民众组织中作宣传，以扩大其影响”[①]。两次劳模大会和各种宣传活动把边区劳模运动推向了高潮，起到了发展生产、节省劳动力的作用，出现了一大批模范家庭、模范村以至模范乡。在劳动英雄的推动下，1944 年边区农业生产组织起来的劳动力超过 1943 年 1 倍至 3 倍，开荒超过 100 万亩、植棉达到 30 万亩，其他方面如合作社、工业生产等生产运动也取得了大进步。

关于劳动英雄和劳动模范的评选流程上，边区公布《劳动英雄与模范工作者大会及其代表选举办法》，说明召开大会的目的、选举流程与办法及名额等问题。其中，劳动模范的选拔一般由各阶层各党派代表按照一定的标准，经过单位慎重选举之后产生，标准或是“积极从事建设事业并成效卓著，或有新的创造者”，或是“在建设事业中，能推动帮助别人著有成绩者”，或是“遵守政策法令，拥护政府军队，团结群众热爱边区的模范者”。这一流程固然选拔出一批有能力、有觉悟的模范带头人物，但也存在一些弊病。有学者指出，在劳动英模的评选过程中，出现临时凑数或弄虚作假的情形，表现为领导层面敷衍应付，区级不禀报选举情形，县级不注意收集材料，上下脱节，还出现人为指定劳动英模的现象。一些劳动模范也出现了忙于应酬、任职过多导致误工的情况[②]。这些现象并非主流，但仍值得关注。

在对劳动英雄和劳动模范的激励方面，可以分为物质奖励和精神奖励。精神奖励包括邀请劳动英模参加代表大会，受到各级领导人的礼遇，甚至由最高领导人亲自接见，握手交谈，组织宴请，给予他们“空前未有的尊重”，尊称他们为“真正的人才”。此外，一些级别较高的英模还能够获得领导人的亲笔题字和边区政府颁发的奖状匾额，这是从官方层面对他们劳动业绩的认可[③]。而在物质奖励方面，除了按照获奖级别发放奖金之外，主要对英模奖励

① 王明生、董颖鑫．陕甘宁边区劳模运动的政治分析［J］．学海，2010（5）．
② 岳谦厚、刘威．战时陕甘宁边区的劳动英模运动［J］．安徽史学，2011（1）．
③ 王明生、董颖鑫．陕甘宁边区劳模运动的政治分析［J］．学海，2010（5）．

耕牛、工具及各类生活用品。总的来说，精神上的鼓舞作用重于物质刺激。

边区发展经济的道路一定程度上可以看作之后经济发展方式的先导。抗战结束之后，边区探索实践的生产激励措施在各个解放区逐步推行。东北解放区早在1946年就已开始了大规模的生产立功运动和英模评比活动。通过建立功劳簿、记功表彰劳动英雄集体与个人的方式，调动了工人群众的劳动积极性。在两年的时间内，共有军工、铁路、矿山、纺织、机械、电业、造纸、邮电等十几个系统二十余万名国营企业职工参加了竞赛运动，工业生产成倍增长，铁路运输迅速恢复。据学者统计，与1946年相比，1948年东北解放区煤产量增加7.18倍，发电量增加2.36倍，纸产量增加2.78倍，橡胶产量增加2.52倍，纺织品产量增加3.9倍，木材产量增加2.9倍①。劳动竞赛和英模评比活动所带来的生产热潮，使东北的工业、交通恢复生机，为取得全境乃至全国解放奠定了基础。

通过十余年边区和解放区的探索与实践，中国共产党形成了具有自身特色的生产管理经验，表现为精神激励重于物质激励、道德评价重于生产能力、集体荣誉重于个人表彰等方面。这些特点在1949年以后的企业激励措施的设计上都有不同程度的体现。

三、“苏联模式”的影响

1949年之后建立起来的中国企业激励机制还受到了“苏联模式”的较大影响。作为世界上第一个社会主义国家，苏联在企业管理方面所取得的成绩影响到了其他社会主义国家的实践。同时，苏联还向一些国家派出技术和管理人员进行业务指导，使得苏联特色的企业激励制度在东欧、中国等国家扩散。所谓“苏联特色”的企业激励制度，大体可以分为物质激励和精神激励

① 朱虹．试论东北解放区的职工生产竞赛运动［J］．锦州师院学报（哲学社会科学版），1994（1）．

两种，两者“没有隔着一道墙，在社会主义制度下，它们是辩证地结合在一起的，作用是一致的”，结合的形式多种多样，如采取计件工资制对工人进行物质刺激，采取劳动竞赛激励工人投入生产等[①]。以下对这两种形式进行简要阐述。

（一）苏联特色的计件工资制

十月革命之后，苏联政权在数年内迅速完成了所有制变革，建立起与社会主义公有制相适应的宏观经济制度。首先，苏联没收了机器、能源等社会生产资料，将其从官僚、资本家和地主的私人财产变成公共财产；其次，苏联采取计划经济的方式调控生产，具体规定产品的投入产出，采用“物资平衡”的做法，保证生产的数量与目标相一致，“把全部国家经济机构变成一架大机器，变成一个使亿万人都遵照一个计划工作的经济机体”[②]；最后，苏联树立“为使用而生产”的目标，宣称生产是为了满足人民的需要，“由失业和周期性经济萧条所导致的浪费和危机将通过经济计划而得以消除”[③]。

但是，在如何构建新型企业管理模式的问题上，苏联的探索程度相对有限，这与苏联当时所面临内忧外患的环境有关。处于国内反对势力和资本主义列强共同施压的局面，苏联亟须恢复生产、提高劳动生产率，以保证国家的生存发展，巩固社会主义的建设成果，这是“保证新社会制度胜利的最重要最主要的东西”[④]。在此前提下，苏联领导人提出，要制定有效的激励措施提高劳动生产率，保证工业企业持久高速地发展生产。同时，劳动生产率的增长被认为是在同资本主义的和平经济竞赛中保证社会主义胜利的最主要因素

① 维谢尔科夫．苏联劳动者的物质刺激［M］．北京：生活·读书·新知三联书店，1964：11.

② 列宁全集（第 34 卷）［M］．北京：人民出版社，1986：3–5.

③ 科兹、威尔．从戈尔巴乔夫到普京的俄罗斯道路：苏联体制的终结和新俄罗斯［M］．北京：中国人民大学出版社，2015：18–22.

④ 列宁全集（第 33 卷）［M］．北京：人民出版社，1986：212.

之一[①]。正如列宁所言，"劳动生产率，归根结底是保证新社会制度胜利的最重要最主要的东西，资本主义造成了在农奴制度下所没有过的劳动生产率。资本主义可以被彻底战胜，而且一定会被彻底战胜，因为社会主义能造成新的高得多的劳动生产率"[②]。在此前提下，工资的增加就显得尤为重要，"工资是劳动生产率增长的强大因素，它能把工作者个人的物质利益和国家的（全民的）利益正确地结合起来"[③]，因此"工资的计算制度必须简单明了，使每一个工人和职员都能理解生产率和工资之间的关系"[④]。

此外，作为社会主义制度的先行探索者，苏联对于在所有制变革完成之后如何建设与管理并无太多可供参考的对象。因此，苏联领导人主动借鉴西方的企业管理模式，"对发达的资本主义的科学技术、生产制度和有组织有规律的劳动过程的重视和羡慕心理比过去增高了"[⑤]。其中具有代表性的是列宁对"泰罗制"的推崇和实施。

美国工程师弗雷德里克·泰罗在20世纪初创造了一整套测定时间和研究动作的科学管理方法，包括制定标准化作业时间和工作定额，实行差别计件工资制，在管理上引入分工原理和劳动协作等，通过精确计算工人的工作时间和劳动强度，推动了美国经济的高速发展。对于"泰罗制"的评价，列宁有一个观念变化的过程。1914年，列宁在《泰罗制就是用机器奴役人》一文中提出，"泰罗制"的特征是，"所有这一切巨大的改进都是对付工人的，使他们遭受更深重的压迫和奴役，并且用工厂内部恰当的、合理的分工来束缚他们"[⑥]。1918年，列宁在《苏维埃政权的当前任务》一文中重新评价了"泰罗制"，认为这种制度虽然应用于资本主义企业，但可称之为关于企业管理的

---

① 谢明诺夫．苏联工资制度讲义［M］．北京：工人出版社，1953：105.
② 列宁全集（第33卷）［M］．北京：人民出版社，1986：212.
③ 苏联科学院经济研究所．政治经济学教科书［M］．北京：人民出版社，1955：490.
④ 苏联部长会议国家劳动工资委员会．苏联劳动与工资［M］．北京：商务印书馆，1977：250.
⑤ 布雷弗曼．劳动与垄断资本——二十世纪中劳动的退化［M］．北京：商务印书馆，1978：14.
⑥ 列宁全集（第24卷）［M］．北京：人民出版社，1986：398-400.

“最丰富的科学成就，即按科学来分析人在劳动操作中的机械动作，省去多余的笨拙的动作，制定最精确的工作方法，实行最完善的统计和监督制等”①，为此“明确主张在社会主义生产中采用泰罗的方法”②。对“泰罗制”的推崇延续到了斯大林时代，斯大林专门提出“技术决定一切”“干部决定一切”的口号，以满足“泰罗制”对工人和管理人员技术上的要求。

在“泰罗制”的基础上建立起来的苏联企业管理模式，除了倡导技术主导和分工协作，建立严格的成本核算和专业化管理制度之外，最主要的特征就是广泛实行计件工资制，这是列宁定下的发展路径，“目前应当提上日程的是实际采用和试行计件工资，采用‘泰罗制’中许多科学的先进的方法”③。计时工资被认为不完全符合按劳付酬的社会主义原则，因为在这种工资形式下，工作者的劳动成绩和他的工资之间没有直接的联系。在苏联的经济书籍中还有一种说法，“完全废除计时工资制是适宜的”④。计件工资制则能够更为准确地反映劳动者的实际劳动成果，起到更好的激励效果，“计件工资制能促进工人全面发展，能鼓励工人深入研究机械动作的规律，使自己的操作法合理化。采用计件工资的形式，能使劳动组织和整个生产组织得到改善，工人就会迅速地消除缺点，积极地防止停工和消除各种组织上和技术上破坏纪律的现象”⑤，这是苏联大力推动计件工资制的重要原因。

从 1918 年开始，苏联在企业中推广计件工资制。1918 年，全俄工会中央理事会通过了《劳动纪律条例》，规定生产定额和计算劳动生产率，试行计件工资制和超额奖励制。1931 年 4 月，为刺激工人的劳动积极性，苏共中央要求扩大计件工资制的实施范围，斯大林表示，“工资方面有‘左的’平均主义。我们很多企业规定的工资率几乎把熟练劳动和非熟练劳动之间、繁重劳

① 列宁全集（第 34 卷）[M] . 北京：人民出版社，1986：330.
② 托夫勒 . 第三波浪潮 [M] . 北京：生活 · 读书 · 新知三联书店，1983：101–102.
③ 列宁全集（第 34 卷）[M] . 北京：人民出版社，1986：170.
④ 苏联部长会议国家劳动工资委员会 . 苏联劳动与工资 [M] . 北京：商务印书馆，1977：293.
⑤ 马涅维奇 . 苏联按劳分配与工业中的工资组织问题 [J] . 劳动，1953（11）.

动和轻易劳动之间的差别抹杀了”，因此要在全国范围进行一次工资改革，一方面拉大工种间和工种内的工资距离，另一方面大力推广计件工资制，广泛实行奖励制度[①]。到了 1956 年，计件工资制的实施面达到了最高水平，77.5% 的工人按计件工资制领取劳动报酬[②]。计件工资制的实施效果非常理想，苏联工厂的调查显示，莫斯科化油器工厂、莫洛托夫汽车制造厂、莫斯科机器制造厂等工厂中实行计件工资制的车间，劳动生产率都得到迅速提升，一般比实行计件工资制之前提高 20% 以上[③]。

表 2.1　苏联企业计件工人比重变动情况（1920—1941）一览表[④]

年份	1920	1921	1923	1926	1930	1931	1932
计件工人比重	18.3%	29%	46.5%	60.3%	56.7%	58.7%	63.7%
年份	1933	1934	1935	1936	1939	1940	1941
计件工人比重	67.8%	69.6%	69.8%	76.1%	72.5%	73.3%	72.7%

苏联式的计件工资制，分为直接计件工资、计件奖励工资和累进计件工资三种。直接计件工资是按不变计件单价付酬；计件奖励工资则按基本工资和对超额部分以不超过工资 30%~40% 的标准为奖金付酬；累进计件工资是将工人做出来的产品，“在定额以内的部分，按原定计件单价来计算工资，超过定额的部分，按比原定计件单价要高些的计件单价来计算工资，有的还规定超额部分多于一定的数量，超额的部门的计件单价还可以更高一些”，超过定额的部分一般按照比原定高出 50%~100% 的计件单价来计算工资，能够保证累进计件工比直接计件工的收入增加近 20%[⑤]。1936 年，41.6% 的工人按累进计件工资领取劳动报酬，这一比例在 1956 年上升到 43%[⑥]。

---

① 王守海 . 苏联东欧国家经济体制比较［M］. 北京：中国社会科学出版社，1984：306.
② 梅特纳 . 苏维埃人剖视［M］. 北京：世界知识出版社，1964：68–69.
③ 马涅维奇 . 苏联工业中的工资及其形式［M］. 北京：工人出版社，1954：142.
④ 中国科学院经济研究所资料室 . 政治经济学参考资料［G］. 内部资料，1960：180.
⑤ 汪洋 . 和工人同志谈计件工资［M］. 北京：工人出版社，1956：11.
⑥ 科纳科夫 . 苏联工业中的工资［M］. 北京：工人出版社，1950：27–30.

与物质刺激政策不相配套的是，苏联企业底薪制度的执行流于形式。奥尔森指出，苏联采取压低底薪，以累进计件工资作为刺激手段，保证工业建设速度[①]；布若威认为，苏联式计件工资制有工作保障（终身雇佣）而没有工资保障，与资本主义工资制度有工资保障而没有工作保障（雇主有解雇权）截然不同[②]。在“短缺经济”的影响下，生产过程中出现原料短缺的现象不可避免，时常出现“不得不停下来”的现象。由于最低工资微薄，一旦出现停工待料的情况，工人的收入就得不到保障，从而导致多起抗争事件的发生。为此，苏联从20世纪70年代开始，强制执行最低工资，将最低工资标准从每月40卢布提高到70卢布以上，缩小各类人员在劳动报酬方面的差距，累进计件工资的实施范围降至1%以下[③]。

从苏联的实践情况来看，计件工资制的实行具有一定的先决条件，采取机器和手并用的劳动和使用各种工具的手工劳动部门，如机器制造、金属加工、黑色冶金、采煤、造纸等，有80%以上的工人按计件工资制领取劳动报酬；而在生产高度自动化的部门，如化学、石油行业的仪表、仪器试验员，基本采取计时工资制，而部分不过于注重产量增加的工种，如司机、司炉、保管员等，也领取计时工资。1960年之后，苏联工厂逐步采用大型联动装置和综合机组、高度机械化和自动化的机床设备，扩大流水线和传送带的作业法，改善生产的节奏性，提高质量指标和经济指标的意义，“在生产条件不变的情况下，科技进步在它能缩小或者完全消除个别职工对产量增长的影响的地方，会导致缩小计件工资制的采用范围并扩大计时工资制的采用范围”。计件工人的比重由此降低。1962年计件工人占总数的60.5%，1968年降至56.6%，已低于1926年的水平[④]。尤其是在化学、石油和电力工业等高度自

---

① 奥尔森．权力与繁荣［M］．上海：上海世纪出版集团，2014：83.

② 梁萌．在生产体制中发现工人阶级的未来——读布洛维劳动过程理论三步曲之一《辉煌的过去》［J］．社会学研究，2007（1）．

③ 赵玉龄．苏联工资制度的演变及其新的改革［J］．苏联东欧问题，1987（5）．

④ 东林．苏联经济管理概况［M］．北京：中国社会科学出版社，1980：96.

动化的部门里，仅有20%的工人按计件工资制领取报酬①。1970年，苏联的计件工人比重处于50%左右②,1980年前后，计件工人比重已经降至40%，直至解体③。

（二）劳动竞赛在苏联的使用

除了物质激励之外，苏联还在精神激励的方式上进行探索，例如劳动竞赛。这一做法的始创者为列宁。1917年12月，列宁在《怎样组织竞赛？》一文中指出，“当社会主义政府执政时，我们的任务就是要组织竞赛……（应当）广泛地、真正普遍地使群众有可能表现进取心，进行竞赛和发挥大胆首创精神”④。1918年3月，列宁在《〈苏维埃政权的当前任务〉一文初稿》中再次强调，“组织竞赛在苏维埃政权的经济任务中应当占有显著的地位……如果我们把组织竞赛的任务作为我们国家的任务提出来，那么，在实行苏维埃国家制度的原则的条件下，在废除土地、工厂等私有制的条件下，我们一定能够取得成绩，而这些成绩会给我们提示出未来的建设形式”⑤。斯大林继承了列宁的观点，认为劳动竞赛“使人们对劳动的看法发生了根本的转变，它使过去被认为是可耻而沉重的负担的劳动转变为光荣的事情、荣耀的事情、英勇豪迈的事情”，“社会主义竞赛的原则是：先进者给予落后者以同志般的帮助，从而达到普遍的提高……一些人工作得不好，另一些人工作得好，再有一些人工作得更好，赶上更好的以达到普遍的提高”⑥。

从20世纪20年代开始，苏联各地的工人就成立了突击组和突击队，组织了生产竞赛和合理化建议运动，充分调动了工农群众的劳动积极性和创造

① 苏联部长会议国家劳动工资委员会．苏联劳动与工资［M］．北京：商务印书馆，1977：296–302.
② 谢列兹尼奥夫．列宁关于劳动刺激的思想与当代现实［J］．国外社会科学文摘，1987（5）.
③ 袁伦渠．苏联工资制度的改革［J］．经济与管理研究，1986（2）.
④ 列宁选集（第三卷）［M］．北京：人民出版社，1995：393.
⑤ 列宁全集（第27卷）［M］．北京：人民出版社，1986：191.
⑥ 斯大林全集（第十二卷）［M］．北京：人民出版社，1956：98.

性。1935 年之后出现的“斯达汉诺夫运动”，即采煤工人斯达汉诺夫通过劳动竞赛的方式，创造了一班工作时间内用风镐采煤 102 吨的纪录，超过定额十三倍，对于工人提高劳动生产率起到了推动作用。劳动竞赛从突击队运动转向斯达汉诺夫运动，标志着劳动竞赛运动的深入和提高。斯大林的评论是，“斯达汉诺夫运动表现了社会主义竞赛的新高涨，表现了社会主义竞赛的新的更高的阶段”[①]。《联共（布）党史简明教程》这样写道:“斯达汉诺夫运动是我们的人才已经掌握新技术和劳动生产率进一步增长的最明显的例子。”“二战”结束之后，苏联企业中还先后发起了技术革新竞赛运动、“谢基诺工作法”和共产主义劳动态度运动，通过改革生产机构、改进生产技术操作，使生产过程合理化、生产周期缩短，由此提高劳动生产率、降低生产成本。

“劳动竞赛是工人阶级在成为国家的领导阶级之后的自觉的劳动热情的必然的表现，是新的生产关系的必然的表现。”[②] 苏联特色的劳动竞赛，包括技术革新竞赛、技术保证竞赛、节约资源竞赛等，成为加速发展生产力、培养社会主义新人、发扬社会主义民主的主要手段。这种竞赛不仅在苏联的工业化进程中起到重要作用，在其他东欧国家也产生影响。匈牙利经济学家科尔奈曾在早期的文章中指出，“只有劳动竞赛才能有助于完成工作计划”，“社会主义的胜利要求我们超越资本主义的劳动生产力，所以，我们必须大量引进新技术和新机器，力争通过更富活力的劳动竞赛和斯达汉诺夫运动来促进劳动生产力的提高”，对于这些观点，科尔奈“深信不疑”，因此“迷上了各种形式的劳动竞赛”[③]。

---

① 中国人民大学马列主义基础教研室 . 斯大林文选（上）[M] . 北京：中国人民大学出版社，1952：45–46.

② 中国社会科学院、中央档案馆 .1953—1957 中华人民共和国经济档案资料选编 · 劳动工资和职业保险福利卷 [G] . 北京：中国物价出版社，1998：234.

③ 科尔奈 . 思想的力量：智识之旅的非常规自传 [M] . 上海：上海人民出版社，2017：50.

（三）苏联专家的经验传授

从 1946 年开始，苏联即派出技术管理人员来华，对东北地区由中共领导的企业进行业务指导。最初在国营企业中推行的是较高工资标准的实物工资制，并未考虑到激励效果，这引起了苏联管理人员的不满。几番沟通之后，中共计划参考苏联的工资制度，制定地区性的工资标准，进一步增加计件累进奖励与超额奖励[①]。1948 年，东北旅顺、大连地区的部分企业如中华油漆工厂、裕民工业公司、大连钢厂等开始试行带有物质激励性质的计件奖励制度，并通过向苏联专家的学习，采取中等技术水平来确定定额，“我们需要的定额，是介乎先进生产者所达到的新纪录和现在存在的技术标准之间，而为一般职工在正常的积极工作条件下都能达到的水平”[②]。至 1949 年底，大连中苏合营以外的国营工厂，有 78% 的工人之中实行了计件工资制和计件累进制[③]。

与民国企业实行的计件工资制相比，“苏联模式”的计件工资制具有定额标准规范、计件单价稳定、工资级少差多等特点，且基本规避了同工不同酬的现象，使职工在受到激励之时也有较好的劳动保障。实践表明，计件工资制能够提高劳动生产率，“生产愈发展，愈加看出七级制、超额累进奖薪制和计件工资制度的正确性”[④]，因此成为 1949 年之后工矿企业制定工资制度时主要参考的对象。当时对于东北国营工厂考察的报告指出，计件工资制“是向苏联学来的，是经过长期摸索，接受了碰壁的痛苦教训之后，才去向苏联同志学习的”[⑤]，尤其是在苏联专家工作的企业，更是全面推行计件工资制，即使

① 大连地方党史编辑室.中共大连地方党史资料汇辑［M］.辽宁：大连地方党史编辑室，1983：405.

② 何光.当代中国的劳动力管理［M］.北京：中国社会科学出版社，1990：250.

③ 田林.工资制度的诀窍找到了——大连公营企业生产管理经验介绍之二［N］.人民日报，1949 年 12 月 14 日.

④ 徐鹏.苏联经验与本土实践——中华人民共和国成立前夕旅大地区对工人工资制度的探索［J］.史林，2020（3）.

⑤ 国涌.大连工人怎样学习苏联？访问旅大代表康敏庄［N］.人民日报，1949 年 11 月 21 日.

中国管理人员“不能爽快接受”，也必须照做[①]。1951年，苏联专家向中国政府递交了《关于制定1951—1955年度恢复和发展中华人民共和国经济国家计划方针的意见书》，其中提到通过实行计件工资制，提高工人的技术能力[②]，该文件对计件工资制的全面推行具有激励作用。

为了规避技术管理人员储备不足所带来的定额管理问题，中国在试行苏联特色的计件工资制时，将苏联广泛实施的累进计件制改为无限计件制。累进计件制的核心设计是，计件单价会随着产量的增加而增加，“工人做出来的产品，在定额以内的部分，按原定计件单价来计算工资，超过定额的部分，按比原定计件单价略高些的计件单价来计算工资，有的还规定超额部分多于一定的数量，超额部分的计件单价还可以更高一些”[③]。无限计件制则指“计件单价是固定不变的，不论工人生产了多少单位产品，一个单位产品就付给一个计件单价的工资，也不管生产的产品数量超过了产量定额多少，多一件产品，就多给一个计件单价的工资”，这种办法既贯彻了多劳多得的原则，计算又简单，不需要实施调整定额和单价，简化了繁杂的工资构成。

综上所述，1949年之后的企业管理制度主要是在苏联的指导和影响下形成的。正如毛泽东在参观完苏联的大工厂之后所指出的，“第一个社会主义国家发展的历史，就给我们提供了最好的经验，我们可以用他们的经验”[④]。计件工资制的实行和劳动竞赛的开展也带有浓厚的苏联特征。当然，正如上文所言，民国企业大量采用计件工资制，也组织过与苏联模式相似的工作竞赛，使得这些制度在国营企业中的推行显得毫无阻滞。

---

① 赵文敏、张沛．大连访问记之六：学习苏联科学的工业管理制度［N］．人民日报，1949年8月13日．

② 沈志华．苏联专家在中国（1948—1960）［M］．北京：中国国际广播出版社，2003：123-124.

③ 汪洋．和工人同志谈计件工资［M］．北京：工人出版社，1956：11.

④ 中共中央文献研究室．毛泽东传（1949—1976）（上）［M］．北京：中央文献出版社，2003：53.

第三章

如何在精神层面激励工人？

主流学术观点认为，“非物质激励通常被认为是中国在改革前使用得最为广泛的激励工人的方法”[①]；这一时期的中国工厂以政治动员、激发工人情感、培养积极分子等策略来鼓励工人生产的积极性，使工人在激动、羞愧、愤怒等感情的唤起下，极其热情地参与到生产和工作之中[②]。虽然苏联和东欧的社会主义国家也倡导精神激励，表示“精神刺激在发挥社会主义生产工作人员的积极性方面起着重要作用，它们在一定程度上同政治思想的刺激相接近，同工作人员意识到自己属于社会主义社会的劳动群众和劳动集体而感到心满意足，同为国家和企业的成就而感到骄傲联系在一起”，但从整体来说，苏联的激励措施偏向于物质激励，中国的激励方式以精神激励为主，这是毋庸置疑的。

纵观改革开放前30年的实践，以越级提拔、劳动竞赛、政治教育为代表的精神激励措施构成了社会主义意识形态教化的重要组成部分，在中国企业中广泛推行，取得了较好的激励效果之余，也存在着诸多值得讨论与思考的问题。本章即对主要的几种精神激励手段进行梳理，分析各种手段的利弊得失，并从比较的视角对中国特色的企业激励制度加以总结。

一、越级提拔：从普通工人到“工人工程师”

提拔工人技术干部，在经济恢复之后便已提上企业管理层的议事日程。

① 李怀印、黄英伟、狄金华．回首“主人翁”时代——改革前三十年国营企业内部的身份认同、制度约束与劳动效率［J］．开放时代，2015（3）．

② 裴宜理．重访中国革命：以情感的模式［C］．中国学术（第8辑）［M］．北京：商务印书馆，2001：201.

但在1958年之前，由于苏联管理模式“一长制”的影响，技术干部的选拔任命权掌握在厂长等行政管理者的手中。直到“大跃进”时期，随着党委领导下的厂长负责制的建立以及企业生产的实际需要，大量工人走上技术干部岗位，越级成为技术员甚至工程师。这些举措对工人产生了较好的激励效果，但也影响了正常的技术生产活动。

（一）1958年之前的工人技术干部选拔情况

从工人中提拔技术干部，虽然是在“大跃进”时期才进入高潮的，但无论在理论上还是在实践上，自共产党执政以来，工人技术干部的大规模出现便已成为一种必然产生的事物。在历版《中国共产党章程》中都明确宣称：“中国共产党是中国工人阶级的先锋队。中国共产党是马克思列宁主义同中国工人运动相结合的产物，是在中国工人运动的基础上，在中国人民争取解放斗争的基础上发展起来的。它以中国工人为基础，集中体现了中国工人阶级的特性。”毛泽东提出：“人民民主专政的基础是工人阶级、农民阶级和城市小资产阶级的联盟，而主要是工人和农民的联盟……人民民主专政需要工人阶级的领导。因为只有工人阶级最有远见，大公无私，最富于革命的彻底性。整个革命历史证明，没有工人阶级的领导，革命就要失败，有了工人阶级的领导，革命就胜利了。”[①]中华人民共和国成立之初，担当临时宪法角色的《共同纲领》中也出现了“在国家经营的企业中，目前时期应实行工人参加生产管理的制度，即建立在厂长领导之下的工厂管理委员会”的条文。

尽管在理论宣传上被列为领导阶级，但在革命时期，由于中国革命走的是一条农村包围城市的道路，城市工人阶级的领导地位长期未能得以彰显，不少工人听说过或参加过工厂的对抗行动，但从未意识到共产党人在组织行动的过程中对他们的鼓动。1949年之后，为了能够实现作为工人阶级政党的

---

① 毛泽东选集（第四卷）[M].北京：人民出版社，1991：1227-1228.

价值性诉求，兑现“人民当家作主”的政治承诺，提高组织在工人群体中的话语权，达到巩固新政权的目的，共产党在对工人阶级进行改造的同时，赋予工人控制和管理工厂的权力[①]。刘少奇认为，让工人参与工厂管理的做法，可以让初进大城市的共产党人获得工人阶级的支持，“共产党依靠工人，工人也靠了共产党，相互依靠，我们与工人群众就结合起来了”[②]。

让工人成为国家管理者的具体政策包括：工人“应当参加本厂或本矿的生产管理，企业中的高级职员应当领导工人去学习管理生产，在厂矿长的领导之下组织工厂管理委员会，吸收工人代表参加，讨论如何降低成本、提高产量、改善品质，以及如何解决与改善由购进原料、制造成品到推销成品过程中的各种复杂问题”[③]，一切生产、管理、人事调动、工资、福利事业等，均交工厂管理委员会详细讨论，让工人有充分的发言权。有学者指出，由于政府的目标是巩固政权，“从社会各阶层中获得权力合法性支持，在旧政府时期力求改变现状的工人阶层成为新政府的最积极支持者。政府为换取工人阶层的继续支持，对工人的权力行为给予保护”，这种保护被称为“强助权力”[④]。

在技术能力方面，中华人民共和国成立初期，各地工厂均面临着技术工人奇缺的现象。1949 年至 1952 年，上海市各行业共提供就业岗位约 98000 个，实际满足就业岗位要求并实现就业的只有 40000 人[⑤]。根据劳动部 1954 年初的统计，仅重工、一机、燃料、轻工、纺织等 5 个部门，1954 年新建扩建投入生产的厂矿达 83 家，生产技术工人缺口超过 5 万人；到了 1956 年，中央 16 个部门全年需要新增技术工人近 60 万[⑥]。

而在中华人民共和国成立之时，工人同时存在着文盲率高与技术能力差

① 林超超．新国家与旧工人：1952 年上海私营工厂的民主改革运动［J］．社会学研究，2010（2）．
② 刘少奇选集［M］．北京：人民出版社，1981：421.
③ 祝慈寿．中国工业劳动史［M］．上海：上海财经大学出版社，1999：392.
④ 陆学艺．当代中国社会阶层研究报告［M］．北京：社会科学文献出版社，2002：14–25.
⑤ 程连升．中国反失业政策研究（1950—2000）［M］．北京：社会科学文献出版社，2002：63.
⑥ 何光．当代中国的劳动力管理［M］．北京：中国社会科学出版社，1990：191.

的问题，职工中的文盲、半文盲占职工总数 60%~80%，在煤矿、矿山、建筑、搬运等行业的职工以及纺织女工中甚至有 90% 的文盲、半文盲。而在上海 106 万工人中，文盲、半文盲约有 69 万人，占工人总数的 65% 左右。其中，轻纺工业系统中的文盲、半文盲约占 70%。

为此，1950 年上半年，上海市教育、工会、妇联、共青团等有关部门制订了《上海职工业余教育暂行实施方案（草案）》，提出在 3 至 5 年内使职工中现有的文盲能识 1000 字上下，能读通俗的书报，能写简单的书信和报告等。根据《方案》的要求，各行业工会开办识字学校、识字班、识字组等，开展扫盲运动。在随后的 7 年间，上海扫除职工中的文盲共 300106 人，约占文盲、半文盲总数的 50%，文盲率已大大降低，还出现了像三轮车工人杨忠万从一字不识到交通大学学生的跨越。文化学习让工人阶级的整体素质有了大幅度的提高，多数工人脱盲，能够写文章、记账、做记录、看图纸，工人的主人翁地位大大提高①。

1953 年 11 月，中共中央发布《关于统一调配干部，团结、改造原有技术人员及大量培养训练干部的决定》，指出："大量培养、训练干部，以解决工业建设及其他方面迫切需要的干部问题，这是当前党的组织工作的主要任务之一。完成这个任务，对于保证贯彻党在过渡时期的总路线、总任务，和保证第一个五年计划，具有头等重要的意义"，并提出要求："五年之内，除了现有的技术人员和技术工人外，在工业、运输、地质、建筑等方面，还需要增加大约三十万新的各级技术人员和一百一十万新的技术工人"。为了完成这一培养指标，各地工业局要求"就地取材"，将工厂变成"培养干部的学校"②。国家还对工人进行了广泛动员，要求工人掌握技术能力，提高管理工厂

① 袁进、丁云亮、王有富．身份建构与物质生活：20 世纪 50 年代上海工人的社会文化生活［M］．上海：上海书店出版社，2008：79-81.

② 中共中央文献研究室．建国以来重要文献选编（第 7 册）［G］．北京：中央文献出版社，1993：568-570.

的本领，同时编制了第一个五年熟练工人培养计划，包括重工、燃料、机械、纺织、轻工等 13 个部门，培训计划指标人数为 92 万余人，分为技工学校、训练班、学徒 3 种方式。最终培养出的技术工人超过计划培训人数的 33%，为大规模经济建设的开展培养并输送了后备力量①。

除了任用工人积极分子担当管理人员、为工人提供技术培训的机会之外，国家还有意识地从工人队伍中选拔技术干部，以弥补因技术人员数量的缺乏对生产活动的影响。1952 年 4 月之前，上海纺织、五金、铁路等 11 个系统的工人中，有 1036 人被提拔或拟提拔担任股长以上级别的干部②。1953 年 5 月，总工会秘书长赖若愚在中国工会第七次全国代表大会上做报告，强调要在工人中进行系统的政治、技术、文化教育，有计划地从工人群众中培养技术人员和管理人员③。从 1956 年上海市委工业工作部发布的一份文件中可以看到“大胆、正确地从工人中细心地挑选大批思想进步、工作积极、忠实可靠、懂得技术并有一定办事才能的优秀分子到各种领导岗位上来，是党既定的政策，也是生产发展的要求”的条文，“只要领导上加强对工人技术干部的培养，他们就会变成较之知识分子出身的干部更为宝贵的骨干。应该指出，大胆地正确地提拔大批优秀工人担负领导工作，这是我们党既定的政策，也是生产发展的要求。一切歧视工人干部的现象都是资产阶级思想在执行干部政策中的反映”④。

随着政治局势的逐步稳定，经济发展成为企业的首要发展目标这一现状告一段落。为了提高劳动效率、保证生产指标的完成，大多数企业往往重走“精英道路”，倚重技术能力出色的“旧”工程师、技师、技术员等，收回工

① 何光 . 当代中国的劳动力管理［M］. 北京：中国社会科学出版社，1990：194.

② 林超超 . 中国劳模制度的政治经济学分析——以陆阿狗和他的模范小组为例［J］. 上海大学学报（社会科学版），2018（6）.

③ 倪志福 . 当代中国工人阶级和工会运动（上）［M］. 北京：中国社会科学出版社，1990：143.

④ 中共上海市委重工业工作部 1956 年干部工作总结、1957 年干部工作纲要及干部工作规划、1956 年一二三季干部工作重点［Z］.1956 年 1 月—1957 年 7 月，A36-1-49，上海市档案馆藏 .

人一度掌握的较大的自主权利，“由于中国主要是照苏联的方法和技术开始其工业化的，这个过程在社会和意识形态方面势必导致与苏联类似的趋势：新型的行政和技术精英阶层出现，城市工人阶级中日益深化的不平等和工人越来越屈从于严厉而压抑的劳动纪律”[①]。

在政策实施的过程中，从工人队伍中提拔技术干部的做法受到了国营企业中行政部门领导的阻拦。新中国成立初期，企业模仿苏联的管理模式，建立起“一长制”的结构，核心内容是厂长对企业的生产行政工作进行专责的统一管理，依靠科层化的信息渠道自上而下地传递命令。“一长制”管理模式下的国营工厂，厂长在生产领域具有绝对的话语权，在干部的级别上，厂长的级别通常要比党委书记高二三级，一些企业的党委书记是由厂长培养和提拔起来的。这一特点导致被选拔者的技术能力成为重点关注的因素，而不管他是否积极，因为只有技术能力强的干部或工人才能帮助厂长完成生产计划。有厂长表示：“过去认为工人干部比旧的干部起作用，实行‘一长制’后就觉得‘落后’的干部比工人干部派得上用场。”与原先的技术权威相比，工人技术干部“三低、二差、一大”的特点非常鲜明，即“文化水平低、管理水平低、组织能力低；技术理论差、全面性差；提拔以后影响生产大”[②]。即使接受了教育机构的短期培训，工人技术干部也很难承担起技术指导和生产管理方面的工作，“工人干部文化低，技术理论差，只懂一门，不能掌握全面”[③]。

由此，生产部门领导往往更倾向于使用技术能力强的知识分子担任技术干部，如上海国棉二厂细纱车间主任位置空缺，在两位候选人中，一位是工人出身，党员，初中文化程度，有组织能力且积极，有培养前途，但厂领导

① 莫里斯·迈斯纳．毛泽东的中国及后毛泽东的中国：人民共和国史［M］．四川：四川人民出版社，1992：195.

② 中共上海市委重工业工作部 1956 年干部工作总结、1957 年干部工作纲要及干部工作规划、1956 年一二三季干部工作重点［Z］.1956 年 1 月—1957 年 7 月，A36-1-49，上海市档案馆藏．

③ 1954 年国棉二厂、九厂、十七厂关于提拔干部工作的检查报告［Z］.1954 年 12 月，A36-1-5-8，上海市档案馆藏．

认为他“没有技术，要做正主任还不行”；另一位则出身资产阶级，在国民党军队中担任过秘书，政治历史问题尚未搞清楚，平时工作也不积极，几乎不下车间。最终受到提拔的反而是后者，只因为“他是技术员，技术好”。为了满足上级领导的要求，一些工厂领导提出了“搭配”方案，让“一个知识分子干部搭配一个工人干部，一个抓政治思想，一个抓计划技术”，一般以知识分子干部为正职，工人干部为副职；或者两个车间副主任中有一个是工人出身，另一个则只从知识分子中进行选拔①。

为了能够选拔出合适的技术人才充实队伍，一些企业吸纳苏联专家的意见，建立层层考核干部的制度，把考核、培养和提拔干部的工作列入生产财务计划，由人事科、党组织、工会、共青团等部门领导组成干部考核委员会，并用带徒弟的办法自上而下地进行培养。对于技术干部的选拔，尤其注重技术能力的考核比重②。技术部门后备干部等级培养和提拔体系逐步完善，“技术领导是由工厂总工程师通过科室首长和科室的工作人员以及车间的有关人员来进行的。为了提高技术检查机构的责任感和独立性，该机构由厂长负责。技术领导人和执行人拟定的某些技术问题，由厂长或总工程师批准之后，通过车间主任和领工员交给直接执行人”。技术人员的选拔工作也是由生产部门领导负责，“每个干部都要按照工作需要培养本职的预备干部，如（技术）科长培养主任工程师、主任工程师培养工程师、工程师培养技术员等，这种不间断地层层负责培养干部的方法，可以在完全不打乱工作秩序的情况下系统地提高干部的工作水平，并保证在干部调动时有足够的预备的干部补充”③。

由于生产部门的强烈反对，在“大跃进”之前，大部分工厂几乎没有从工人中提拔过技术干部。对于技术干部的选拔之门逐渐关闭的情况，一些工

① 1954年国棉二厂、九厂、十七厂关于提拔干部工作的检查报告［Z］.1954年12月，A36-1-5-8，上海市档案馆藏.

② 安岗.从一个工厂看社会主义企业管理［M］.北京：工人出版社，1955：165-170.

③ 哈尔滨市中苏友好协会.怎样组织工厂的技术工作［M］.北京：财政经济出版社，1957：31.

人表现出较为失望的态度[1]。有资料显示，在某工厂中，"劳动纪律一般，工作忽冷忽热，各种活动参加不够，态度骄傲，同志间团结工作不够好，任务虽能完成但不够虚心，因此进步较慢"的工人占据相当大的比重，原因多数是"当家作主不能兑现，有苦难言"[2]。

（二）骤变的政策与"大跃进"时期火线提拔的工人技术干部

对于企业管理过程中的"精英主义"倾向，执政者表现出较大程度的忧虑与不满。毛泽东要求中央各工业交通部门收集材料，看看科学技术发明是否主要出自"那些社会地位较低、学问较少、条件较差，在开始时总是被人看不起甚至受打击、受折磨、受刑戮的人"，如果能够系统地证明这一点，那将鼓舞很多工人和农民"打掉自卑感，砍去妄自菲薄，破除迷信，振奋敢想、敢说、敢做的大无畏创造精神"，做打倒大人物的"小人物"。在领导人的强力推动下，"大跃进"时期所掀起的"技术革命"走的是大规模的群众路线，群众路线是我们一切工作的根本路线，技术革命也不能例外。没有一个全民性的运动，我国的技术革命就不可能实现。

随着"大跃进"运动的深入，"群众路线"和"技术革命"的思维得到了贯彻与强化，倡导经济民主、扩大职工群众参加企业管理的权利、发挥职工群众对于企业行政的监督作用、打破企业原有的权威结构、改变"少数人办企业"的局面，成为激发工人潜力、提高生产效率的重要手段，工人由被动转向主动，首创精神大大发挥。正如一些学者所强调的，以《鞍钢宪法》的出台为标志，工人阶级当家作主的权利得到重申，体现了"广大劳动人民取代少数经济政治精英对社会资源的操纵"的特征[3]。

---

① 桂勇．私有产权的社会基础：城市企业产权的政治重构（1949—1956）[M]．上海：立信会计出版社，2006：284-288.

② 中共上海市委重工业工作部1956年干部工作总结、1957年干部工作纲要及干部工作规划、1956年一二三季干部工作重点［Z］.1956年1月—1957年7月，A36-1-49，上海市档案馆藏．

③ 崔之元．鞍钢宪法与后福特主义［J］．读书，1996（3）．

表 3.1　1960 年上半年上海冶金局部分属厂提拔工人技术干部情况一览表[①]

	1960 年前技术干部数量	1960 年上半年技术干部提拔数量	提拔工人技术干部数量及比例	提拔技术干部中的党员、团员数量及比例
上海钢铁加工公司	48	131	101（77.1%）	67（51.1%）
上海市有色金属工业公司	—	182	157（86.3%）	109（60%）
上海第一钢铁厂	161	122	121（99.2%）	96（78%）
上海第二钢铁厂	45	49	48（98%）	42（83%）
上海第五钢铁厂	142	146	119（81.5%）	106（72.6%）
上海第八钢铁厂	—	40	21（52.5%）	30（75%）
上海第十钢铁厂	30	48	43（89.5%）	41（85.4%）
新沪钢铁厂	37	49	46（93.9%）	26（53.1%）
上海冶金厂	—	50	45（90%）	42（71.4%）

走“群众路线”的技术革命，其核心要旨是在“没有专职科学家和技术人员的情况下发展和运用现代科学和技术”[②]。高层领导提出，“为了建成社会主义，工人阶级必须有自己的技术干部队伍，必须有自己的教授、教员、科学家、新闻记者、文学家、艺术家和马克思主义理论家队伍……在这个工人阶级知识分子宏大新部队建成以前，工人阶级的革命事业是不会充分巩固的”[③]。为此“一方面要依靠大专学校来培养（技术干部），另一方面还必须从工人队伍中去培养和提拔……在工人队伍里积极培养和大量选拔技术干部，是造就工人阶级技术干部队伍的一项最重要的措施”，自上而下地对提拔工作做出规定。对于中央所提出的要求，各地政府和工业部门迅速做出反应，提出“现有的技术干部中工人出身比重不大，多数是出身于资产阶级的旧知识

① 上海市冶金工业局、钢加公司所属各单位关于年度、半年度干部工作计划、小结［Z］.1960 年，B112-4-335，上海市档案馆藏.

② 莫里斯·迈斯纳.毛泽东的中国及后毛泽东的中国：人民共和国史［M］.四川：四川人民出版社，1992：251.

③ 建国以来毛泽东文稿（第 6 册）［M］.北京：中央文献出版社，1992：550.

分子和解放后从学校毕业出来未经过生产和斗争锻炼的青年知识分子”，“今后必须大力从优秀技术工人中选拔我们工人阶级自己的技术干部”①。在这种压力的推动下，工厂提拔工人技术干部的速度陡然加快，“如果仍旧按照原来的办法培养，显然是缓不济急的”②。工人技术干部的培养和提拔纳入了党委工作的考核项目之中。

根据上海市委的要求，1960 年底，上海各工业局及所属工厂企业的技术干部要从 21183 人增长到 43000 人，占职工总数的比例要从 1.96% 增长到 4%；1962 年要增长到 10 万多人，占总数的 10%；1967 年增长到 21 万多人，占总数的 20%③。这种指标的要求实在太高，1960 年的实际提拔人数为 14651 名，比计划数少了 7000 余名。在这些技术干部中，包括总工程师 33 人、工程师 2050 人、技师 3058 人、技术员 9510 人，其中工人成分比例达到 82%④。

由于各级工业部门设定了指标性的提拔计划，迫使各大工厂快马加鞭，形成了工人技术干部加速发展的局面。如上海轻工业局下属工厂 1959 年仅提拔技术干部 175 人，1960 年则提拔了 1752 人，其中 1590 人出身工人，比例超过 90%，由此造成了技术干部的数量以每年超过 100% 的幅度激增。其中工程师 1958 年是 191 人，1959 年是 261 人，1960 年是 392 人。三年之间，技术干部占职工比重从 0.56% 上升至 2.08%⑤。上钢一厂 1960 年之前工人技术干部只有 20 人，包括 4 名技师与 16 名技术员；而在 1960 年，光上半年就提

① 中共上海市钢铁工业委员会关于冶金系统干部工作规划初稿［Z］.1959 年，A46-1-108-36，上海市档案馆藏；上海市钢铁加工工业公司关于属厂技术干部批准的通知［Z］.1960 年，B18-1-196，上海市档案馆藏 .

② 国棉十二厂组织部有关干部工作规划总结及提升干部名单［Z］.1960 年，G28-2-124，上海市档案馆藏 .

③ 上海市工业系统一年、三年、八年干部工作规划稿［Z］.1960 年 2 月，A36-1-203-40，上海市档案馆藏 .

④ 1960 年工业系统干部提拔工作的总结［Z］.1961 年 3 月 18 日，A36-1-206-1，上海市档案馆藏 .

⑤ 上海市轻工业局关于 1958—1960 年三年干部工作情况和问题的材料［Z］.1961 年 7 月，B163-1-851-109，上海市档案馆藏 .

拔了 173 人，其中工程师 15 人、技师与技术员 97 人。又如上海橡胶工业公司、化学工业局各直属厂 1957 年之前，一共才从工人中提拔了 3 名工程师、7 名技师和 19 名技术员；而在 1958 至 1960 年间，总共提拔了 30 名工人工程师、13 名工人技师以及 38 名工人技术员①。

上述情况并非只是特例，在其他省市也有不同情况的体现，如云南省在 1959 年之前的十年中，总共只有 30 名从工人队伍中逐级晋升的工程师，但在 1960 年新增加的工人工程师达到 121 名，是之前的四倍多②。当时一句口号鲜明地体现出提拔工人技术干部快马加鞭的状况：一两年内成为专家，三五年内成为内行，五至十年内当工程师③。由于指标压力的存在，党委领导往往越过技术科长、车间主任等中层干部，通过圈定符合最低条件的工人名单，然后以直接提拔的方式，赋予其生产指挥和技术管理方面的权力。这种“短平快”式的越级提拔方法，是在指标式管理方法、对工人技术干部的提拔数量进行规定的压力下所做出的选择。

对于工人技术干部文化水平相对低下的状况，国家所给出的解决方案是成立各种教育培训机构，通过短期脱产或半工半读等方式，让工人尽快地掌握知识技能。1958 年 10 月 8 日，《人民日报》发表社论《工厂办学，前程远大》，提出“工厂自己办学校，就可以大量地迅速有效地培养技术人才，使工人成为迅速促进技术革命的主力”。在国家的号召下，不少工厂设立了“红专大学”和各种业余学校、技术训练班，“根据干啥学啥、缺啥补啥的原则”，组织干部半工半读、轮岗培训。

1960 年，上海 8 个工业局所属的工厂有 62 个举办了学习班，2764 人参

---

① 关于上海市钢铁一厂技术人员情况调查报告［Z］.1961 年 7 月，A36-2-462-59，上海市档案馆藏；1964 年上海市橡胶工业公司属厂解放以后从工人中提拔干部情况统计表［Z］.1964 年 1 月 15 日，B82-1-1290，上海市档案馆藏；上海市化学工业局直属厂 1963 年止对解放后从生产工人中提拔干部的情况统计表［Z］.1963 年 1 月，B76-3-1349，上海市档案馆藏 .

② 王明伦、李应 . 大力培养工人出身的工程师［J］. 创造，1960（12）.

③ 傅高义 . 共产主义下的广州：一个省会的规划与政治（1949~1968）［M］. 广东：广东人民出版社，2008：221.

加，8 个全日制工人大学共有学员 1200 人，每天生产 6 小时，学习 4 小时[①]。还有企业组织技术出色的工人前往相关学校深造。上海市委提出规划，1962 年之前，千人以上大中型厂都要建立业余中等专业学校，这将会培养出 78000 多名技术干部；条件好的厂可以办业余大学，从中可培养出 25000 多名技术干部，并在现有 8 所工人大学的基础上再增加 8 所，1967 年培养出 22000 多名技术干部。各工业局、公司原有 7 所中等专业学校，1967 年要求开办 87 所，培养 63000 多名技术干部[②]。有人乐观地说，采用上述办法，“只要经过两三年或者稍多一点的时间，就可以使原来只有高小、初中文化程度的四级以上技术工人分别达到中专和大专毕业的程度”[③]。

将普通工人越级提拔为技术干部，对工人产生了强有力的激励效果，不少工人提出，如果不能成为生产工作的主角，仍然称不上“翻身做主人”。因此，工人普遍将“大跃进”时期大规模提拔技术干部的行为视作“第二次当家作主”，认为工厂既然是由工人自己来管理，因此提拔工人做干部是很好的，“过去根本不可能有工人提升为干部，只能一天到晚拿扳头做工，现在工人可以做科长、厂长等，在工作中都显得很积极。过去，要靠文凭才能做科长、工程师，现在真正是工人当家，这是在中国共产党——工人阶级自己的政党的领导下才有的事”[④]。一些工人认为，工人工程师“真正是我们工人阶级的人，是我们工人阶级的光荣。工人能当上技术干部，在旧社会是做梦也想不到的事，但在新社会实现了，工人又一次尝到了新社会里工人翻身的体验”，这一做法“激发了群众的积极情绪”，为普通工人设定了努力方向——

① 关于转发上海市在工业系统培养提拔技术干部工作的情况报告的通知［Z］.1960 年 5 月 24 日，A36-2-407-18，上海市档案馆藏.

② 上海市工业系统一年、三年、八年干部工作规划稿［Z］.1960 年 2 月，A36-1-203-40，上海市档案馆藏.

③ 关于转发中共辽宁省委工业部关于工业企业干部培训情况的报告和关于工业企业 1—6 月份提拔调整干部情况的报告的通知［Z］.1960 年 9 月 16 日，A36-2-407-24，上海市档案馆藏.

④ 中共上海市委工业生产委员会组织部关于所属各厂有关建立或调整组织机构、干部配备、调动、提拔等问题的决定［Z］. 1952 年 8 月，A38-1-105-27，上海市档案馆藏.

“很多同志意识到，我们每个人只要努力学习、忠心耿耿为党工作，谁都能争取做一个工人阶级的技术干部”[①]。还有工人干部表示，“距离工程师的水平差距很远”，他们能够获得提拔，“是领导培养和信任”的结果，因此要“听党的话好好工作”[②]。

这种将工人越级提拔为技术干部的做法对工人的激励效果不言而喻，但产生的负面效应也不可低估。仅仅依据工人的身份加以提拔，缺乏对技术能力、教育程度、社会表现等条件的统筹考虑，使得被提拔的工人无法完全取代知识分子技术干部的作用。真正具有一定的科学理论知识，政治上符合尖端科学要求的工人技术干部所占比例较少，“在专的方面苦于不全面，实践经验和理论知识不能兼备，因此在考虑技术总负责人的人选、出国对象以及作为师资培养新生力量等工作上常感困难”，哪怕是有经验的老工人，文化水平高的不过初中，低的刚刚脱掉文盲帽子，动手能力固然很强，但理论上讲不出个所以然，即使被提拔为工程师，也无法担当起技术创造和管理指挥的重任。许多尖端项目的核心技术仍然掌握在政治条件不符合要求的知识分子技术人员手中[③]。有企业管理人员承认，“提拔很多技术员是盲目性的，未搞技术工作的也能提拔为工程师”[④]。一些企业还出现了提拔是一回事、用不用是另一回事的状况。所谓“工人技术干部”往往只是“被授予一个光荣的称呼”，实际上职责范围及工作性质都未动，除个别参加了技术组工作外，绝大部分还是在原来的工作岗位负责原来的行政管理或实际操作，很少有机会参加技术

① 上海市冶金工业局、钢加公司所属各单位关于年度、半年度干部工作计划、小结［Z］.1960年，B112-4-335，上海市档案馆藏．

② 国棉十二厂组织部有关干部工作规划总结及提升干部名单［Z］.1960年，G28-2-124，上海市档案馆藏．

③ 上海市冶金工业局、钢加公司所属各单位关于年度、半年度干部工作计划、小结［Z］.1960年，B112-4-335，上海市档案馆藏；上海市针织工业公司1963—1967年技术干部培养规划［Z］.1963年6月19日，B200-1-214-21，上海市档案馆藏；上海市化学工业局1960年科学技术干部基本情况统计表［Z］.1960年11月，B76-1-480，上海市档案馆藏．

④ 上海市化学工业局人事处关于技术干部工作1961年总结和1962年打算［Z］.1961年12月，B76-3-944-29，上海市档案馆藏．

管理和技术研究活动，有个别调离了原职务，没有安排新任务。

不少工人技术干部表示，往往要将一半多的时间放在党团活动上，行政会议和组内行政工作占 25%，修改图纸和与有关部门打交道的时间占 15%，真正下车间解决零件加工质量问题的时间不到一成[①]。有人总结工人技术干部有“三多一少”，即行政事务多、会议多、家务事情多、业余时间少[②]。工人们形象地将这种提拔方式称为“戴上帽子，没穿褂子”，“反正人在厂里，需要就提，不需要就摆在下面”，“提拔不提拔都是一样，除了一张喜报、一次谈话、一次会议，其他都是老样子。职位老样子，任务老样子，作用老样子”。还有人编了工人提为干部后的十六字诀：“名誉好听、责任加重、技术荒废、工资少加”，很多工人不愿意承认自己是技术干部，要求回到车间，辞去干部职务[③]。

1961 年 9 月的《国营工业企业工作条例（草案）》（即“工业七十条”）中，对企业管理人员的权限边界和工作任务重新做了规定，提出技术人员的职别（总工程师、副总工程师、工程师、技术员、见习技术员）的确定和提升，要根据他们的工作任务、工作质量和技术水平，而不能只看重工人身份[④]。技术专家的作用得到强调，但提拔工人技术干部的行为仍在持续。如上海橡胶工业公司下属工厂在 1962—1963 年间提拔了 15 位工人技术干部，上

① 关于国营上海第一纺织机械厂干部工作中几个问题的调查报告（草稿）[Z].1961 年 7 月 29 日，A36-2-471-45，上海市档案馆藏.

② 对目前工业系统技术干部队伍情况的反映意见 [Z].1960 年，A36-1-203-8，上海市档案馆藏.

③ 上海市冶金工业局政治部关于从工人中提拔干部的情况报告及上钢一厂、八厂、冶炼厂培养提拔干部工作等问题的报告、总结 [Z].1964 年，B112-4-1074，上海市档案馆藏；关于上海市钢铁一厂技术人员情况调查报告 [Z].1961 年 7 月，A36-2-462-59，上海市档案馆藏；上海市化学工业局人事处关于技术干部工作 1961 年总结和 1962 年打算 [Z].1961 年 12 月，B76-3-944-29，上海市档案馆藏；劳动工资情况 [Z]. 1963（35），A11-2-88，上海市档案馆藏.

④ 上海市仪表电讯局关于召开贯彻工业七十条工作会议的通知 [Z].1962 年 2 月，B103-3-177，上海市档案馆藏.

海化学工业局下属工厂同一时期提拔了16位[①]，由此表明，技术干部的职位依然向工人开放。

“文化大革命”期间，多数企业的技术科研人员“靠边站”，离开了专业岗位。为了填补技术人员的空白，有关部门在工厂中推行“七·二一”大学模式，以此培养和选拔工人技术人员。1968年7月22日，《人民日报》刊登了一篇《从上海机床厂看培养工程技术人员的道路》的调查报告（即所谓“七·二一报告”），编者按中有一段毛泽东的著名评语：“要无产阶级政治挂帅，走上海机床厂从工人中培养技术人员的道路，要从有实践经验的工人农民中间选拔学生，到学校学几年以后，又回到生产实践中去。”从工人中提拔技术人员成为一大趋势，这种情况一直持续到改革开放初期。

二、劳动竞赛：动员工人的手段

上文已指出，无论是民国企业的工作竞赛、根据地时期的实践还是“苏联模式”，都将劳动竞赛视为动员工人的重要手段。1949年之后，随着经济的逐步恢复和社会秩序的稳定，国营企业的劳动竞赛也开始进入常态化阶段。较早喊出劳动竞赛口号的是东北地区的企业。1949年春，沈阳第五机械厂工人马恒昌带领所在车工小组向全厂发出了“迎接红五月劳动竞赛”的倡议，并得到热烈响应。这一场劳动竞赛的主要目标是“消灭废品、提高质量”，马恒昌带头革新了斜度板胎具，提高了工效3.1倍，创造了连续37天无废品的纪录，改进14种工具，以工效提高2倍多的新成绩走在了全厂的前列。同时，他还组建了“技术研究会”，建立了“三人技术互助组制度”。在厂竞赛总结表彰大会上，厂领导把一面“生产竞赛模范”的红旗授予马恒昌所领导

① 1964年上海市橡胶工业公司属厂解放以后从工人中提拔干部情况统计表［Z］.1964年1月，B82-1-1290，上海市档案馆藏；上海市化学工业局直属厂1963年止对解放后从生产工人中提拔干部的情况统计表［Z］.1963年，B76-3-1349，上海市档案馆藏.

的车工小组，并以“马恒昌小组”为这个小组命名。

东北企业劳动竞赛的风潮很快影响到关内。1950 年 4 月，上海钢铁公司以“迎接新中国成立后第一个劳动节”为口号，在下属三个分厂展开以争取流动红旗为目标的劳动竞赛，以各厂 1950 年第一季度的产量平均数作为基数，如果在竞赛中产量超出基数 10% 以下，超出部分每吨奖励 15 个“折实单位”；超出基数 10%~20%，超出部分每吨奖励 20 个“折实单位”；超出基数 20% 以上，超出部分每吨奖励 30 个“折实单位”。各厂最后都成功完成了指标，普遍超额了两成以上，并通过竞赛实现“技术改进了，原料节省了，时间‘富裕’了，产量空前地提高了”。在劳动竞赛中，工人表现出对红旗无比的关心，“天天注意各厂生产数字，自己的工作也更努力了，他们争取的目标，就是夺得红旗”①。

1950 年 11 月，全国总工会发出号召，“全国工人阶级开展爱国竞赛，坚决为抗美援朝、保家卫国而斗争”，相关部门制定了爱国主义生产竞赛的细则，要求将竞赛引导到正常状态中去，使竞赛成为“目前形势下工人阶级爱国主义的经常的劳动方式与生活方式”。1951 年 1 月，“马恒昌小组”通过《工人日报》向全国职工发出了开展爱国主义劳动竞赛的倡议，得到了全国各地 2810 个工矿企业、1.8 万个班组、223 万余名职工的积极响应。工人喊出了“机器就是武器，工厂就是战场”的口号，掀起了劳动热潮，得到了毛泽东的称赞：“在工业和农业战线上正在发展着的爱国增产运动，是我们国家值得庆贺的新气象。”②

自 1951 年 2 月起，上海市总工会发出“向马恒昌小组应战与学习”的号召，要求各级工会学习“马恒昌小组”的经验，开展爱国主义劳动竞赛，发动工人订立“爱国公约”，开展红旗竞赛，组织工人互相挑战。如国营第二纺织机械厂的陆阿狗小组，公开向“马恒昌小组”表示“宣战”，并拿出了六项

---

① 关于从上钢二次竞赛中看奖励问题的报告［Z］.1950 年 5 月，A4-2-3-1，上海市档案馆藏.

② 建国以来毛泽东文稿（第 2 册）［M］. 北京：中央文献出版社，1987：482.

应战条件：（1）尽量采用国产原料，利用废料，节省材料，保证产品质量合乎检验水平；（2）保证提前完成1951年本组生产任务百分之十，经常主动和行政签订爱国主义生产公约；（3）加强车间保卫小组，做好防火防特等工作，保证车间里人员的安全；（4）主动团结技术人员，向老年工友学习实际经验，遵守劳动公约，爱护机器，加强机器保养组织；（5）加强组织，开好小组会，经常学习时事，提高文化水平，每月举行时事测验两次；（6）老师傅们要把所有的经验教给参干军属和助理工，军属和助理工也保证虚心向老师傅学习技术。通过劳动竞赛，陆阿狗小组第一季度就超过生产计划逾40%①。整个华东地区参加各种劳动竞赛的职工占总数的70%以上，不少企业的劳动生产率大为提升，一般能够达到2~4倍，产品总产值则出现了10~20倍的增长②。对此景象，时任全国总工会主席李立三在《人民日报》上撰文指出，劳动竞赛是“解放了的工人‘发挥自己智慧能力来创造全体人民和自己幸福生活’的最好表现”，是“解放了的工人‘为建设伟大祖国和最后实现共产主义社会而奋斗’的最基本的方法”③。

1953年初，全国总工会发出号召，鼓励工人群众开展爱国主义劳动竞赛运动。5月，全国总工会秘书长赖若愚在中国工会第七次全国代表大会上作《关于中国工会工作的报告——为完成国家工业建设的任务而奋斗》的报告，并指出：“组织搞好生产的基本方法，就是逐步地引导群众开展劳动竞赛。通过劳动竞赛，高度地发挥工人、工程技术人员和职员的积极性与创造性去改善劳动组织，改进生产过程，改良工具和操作方法，以提高劳动生产率”，劳动竞赛应当“着重于劳动与技术相结合，推广先进经验，发掘生产潜力，提高劳动生产率，提高产品数量和质量，并注重劳动保护和技术安全”。

---

① 陈雁、马军．旧稿拾遗——上海工厂史料两种［M］．上海：线装书局，2019：251.

② 关于社会主义劳动竞赛开展的情况和调查报告［Z］.1956年5月，A36-2-103-91，上海市档案馆藏．

③ 中共中央党史研究室第一研究部．李立三百年诞辰纪念集［M］．北京：中共党史出版社，1999：276.

他表示，只有使劳动竞赛“成为职工群众经常的劳动方式，才能有把握地保证今年的和整个五年的建设计划的完成或超额完成”[①]。9 月，全国总工会发出了《关于进一步开展增产节约劳动竞赛保证全面地完成国家生产计划的紧急通知》。随后，赖若愚在全国总工会主席团会议上发言，要求将劳动竞赛作为经常性的劳动方式，“企业的民主改革任务在全国范围内基本上完成了，各工业部门又都开始实行了计划管理、生产责任制和经济核算制，各个地区的工作逐渐趋向平衡，即全国绝大部分厂矿都有可能由改革运动切实转到生产方面来。工会组织完全有可能与生产管理工作的进步相适应，把劳动竞赛向前推进一步”[②]。1954 年 1 月，全国总工会发出《关于在国营厂矿企业中进一步开展劳动竞赛的指示》，深入阐述开展劳动竞赛的意义、方针和具体做法。

1956 年 2 月，全国总工会召开七届十次主席团会议，讨论通过了《关于开展先进生产者运动的决议》，指出社会主义劳动竞赛新的高潮的出现，是社会主义经济发展中的必然趋势。各级工会组织必须站在社会主义竞赛新高潮的前面，深切关怀和爱护新生力量的成长和发展，积极地支持先进生产者的创举，大力推广他们的先进经验，不断提高劳动生产率，以便加速社会主义建设的进程。为此，在全国范围开展一个为提前完成和超额完成第一个五年计划的先进生产者运动是适时的、必要的，是具有重大意义的。赖若愚在会上作了《把先进生产者运动持久地开展下去》的报告，指出在当前企业进行的社会主义劳动竞赛中，“涌现了大批的先进生产者、先进工作者和先进单位。这些先进人物和先进单位，都是以创造性的劳动突破定额、创造新纪录、节约地利用国家财富的榜样。根据今年三月以前的统计，上海涌现出了五万多名先进生产者……这些先进生产者提出了大量合理化建议，创造了许多先

---

① 倪志福 . 当代中国的工人阶级和工会运动（上）[M] . 北京：中国社会科学出版社，1990：112.

② 中共山西省委党史办公室 . 赖若愚纪念文集（上）[M] . 北京：中共党史出版社，2012：422–423.

进经验，对生产起了重大的作用”[①]。8 月，赖若愚在全国群众生产工作座谈会上发表讲话，再度强调“社会主义竞赛的组织工作，就是要在组织上、制度上保障在竞赛中贯彻群众路线。过去我们把竞赛程序说成三四个，这不是绝对的。最基本的精神是要保障发挥群众的积极性和创造性……要注意一般的程序，但更重要的是有事要和群众商量、研究，尊重群众的意见，把群众意见集中起来，加以系统化，再坚持下去”[②]。

在工会领导的关心支持下，劳动竞赛在各地企业中如火如荼地开展起来，“找差距，比先进，推广和学习先进，很快成为大多数厂劳动竞赛中突出的群众性活动内容”[③]，诞生了一大批先进生产者创造的先进操作方法，打破了一系列生产纪录，如采矿业的“马万水深坑作业法”、纺织业的“郝建秀细纱工作法”“五一织布工作法”、建筑业的“杨万林混合工作队”等。这些操作方法的推广，使工人的生产更为科学合理，大大提高了劳动效率。

厂际劳动竞赛的推行，对企业组织、技术管理人员和普通工人产生全面的刺激作用。厂际竞赛从 1954 年开始发动，1955 年成为主要激励手段，如第一机械工业部和第一机械工会组织的上海、天津、沈阳三个自行车厂的厂际劳动竞赛就举行得轰轰烈烈。沈阳自行车厂在产品质量、劳动生产率不及前两家厂的情况下，通过技术革新，使电镀、油漆、焊接等工艺环节后来居上。1956 年 2 月，中共中央批转全国第一机械工会《关于三个自行车厂厂际竞赛的主要经验和改进今后劳动竞赛领导的意见》，指出“组织类型相同、设备相仿、产品相近的工厂企业间的厂际竞赛，能够更好地推动落后企业赶上先进企业，先进企业更加先进，达到共同提高的目的”，要求在劳动竞赛中强调“互相学习，互相帮助，取长补短，共同提高。在各厂矿企业之间，在职

① 李立三赖若愚论工会［M］. 北京：档案出版社，1987：340.

② 李立三赖若愚论工会［M］. 北京：档案出版社，1987：385.

③ 刘岸冰 .1949—1956 年上海国营工业企业劳动竞赛研究［J］. 当代中国史研究，2020（5）.

工群众中营造一种同志间互学互助的优良风气”[①]。这样的号召在工厂之间产生了极强的示范效应，一有工厂宣布在产量品种或技术环节上取得突破，马上就有同类型的工厂“上门取经”，并下“挑战书”，一场厂际劳动竞赛就此展开。还有一些企业成立了联合行动委员会，负责协调各方“参赛者”及上下游工厂车间，使竞赛更为规范地进行，“赛出风格、赛出水平”[②]。

从程序上来看，劳动竞赛一般由三个阶段组成：首先，由小组、车间、科室、全厂逐级讨论生产计划，订立集体合同，基层确定保证条件；其次，推广先进经验，提出合理化建议，利用生产会议解决生产中的核心问题；最后，总结工作、评定顺位、奖优罚劣[③]。竞赛指标除了产量之外，还包括安全生产达标率、废品率、节约原材料等内容。为了奖励先进，发扬劳动热情，鼓舞职工争做先进生产者和先进工作者，地方工业委员会还制定了管理办法，具体规定了评选条件、时间、方法、机构等，并明确要求奖励方式有“荣誉奖”和“物质奖”，其中“物质奖”不可或缺，需要根据职工的工作业绩发放奖金，这一点也是在领导人的讲话中重点提到的。1956 年 5 月，刘少奇指出：“在发展生产的基础上逐步增加个人的收入，改善个人的生活，这是完全正当的和必要的。只有这样，劳动者的积极性才会不断提高，先进生产者运动才能获得巩固的基础……只是片面地注意提高劳动生产率，增加生产，却不注意按照可能和必要增加劳动者的收入，改善劳动者个人的生活，对于在生产上、工作上有卓越成就的人们，也不注意给予充分的奖励。这种倾向，无疑是必须坚决纠正的。”[④]

随着国营工业企业劳动竞赛的深入开展，广大职工的劳动热情日益高涨。1955 年，上海市纺织工业系统仅有 8 个厂参加厂际劳动竞赛，1956 年增加至

① 倪志福 . 当代中国的工人阶级和工会运动（上）[M] . 北京：中国社会科学出版社，1990：115.
② 晓亮 . 劳动竞赛是社会主义的经济规律 [J] . 学术月刊，1959（4）.
③ 李立三赖若愚论工会 [M] . 北京：档案出版社，1987：218.
④ 建国以来刘少奇文稿（第 8 册）[M] . 北京：中央文献出版社，2018：109.

100个厂，标准品率比上一年度提高17.69%[①]。官方文件称,“劳动竞赛是发展生产、实现国家的社会主义工业化的可靠保证”[②]，通过劳动竞赛，发扬工人群众的劳动热情，提高劳动生产率，“达到增加产品、提高产品质量、降低生产成本、确保生产安全、完成和超额完成生产计划的目的”[③]。

劳动竞赛的作用在“大跃进”时期被放大了。“大跃进”初期,《人民日报》发表社论文章《力争高速度》，要求“用最高的速度来发展我国的社会生产力，实现国家工业化和农业现代化”。随后，中央提出了“三本账”的规定,“生产计划三本账。中央两本账，第一本是必成的计划，这一本公布；第二本是期成的计划，这一本不公布。地方也有两本账。地方的第一本就是中央的第二本，这在地方是必成的；第二本在地方是期成的。评比以中央的第二本账为标准”[④]。高昂的增长指标，使各工厂生产部门承受着前所未有的压力。为了能够达到“三本账”的要求，各企业发动生产小组进行劳动竞赛，抓日产量、班产量，实行每天一小抓、三天一大抓、五日一高产、十天一战役的工作方法，保证生产顺利进行[⑤]。

利用劳动竞赛来达到几近高不可攀的生产指标，使得劳动竞赛充满着“数字游戏”“锦标主义”的特征，为了争红旗、夺锦标，不惜弄虚作假，无所不用其极，同时还出现了忽视产品质量、浪费现象严重、忽视劳动保护工作、工伤事故增加等情况。这些情况在之前的劳动竞赛中就有体现，“拼体力”的做法始终存在，到了月底成果评比之时更是如此，一些小组全员出动，加班加点，导致缺勤率居高不下，有的工人抱怨“到了家，腰酸背痛，困得

① 关于上海国营、中央合营棉毛纺织印染企业1956年厂际竞赛总结（初稿）[Z].1956年，C16-2-162-19，上海市档案馆藏.

② 中共中央文献研究室.建国以来重要文献选编（第5册）[G].北京：中央文献出版社，1992：57.

③ 邓拓全集（第2卷）[M].广东：花城出版社，2002：475.

④ 薄一波.若干重大决策与事件的回顾[M].北京：中共中央党校出版社，1993：682.

⑤ 上海市钢铁加工工业公司关于经理、厂长会议记录[Z].1960年，B18-1-64，上海市档案馆藏.

在床上翻都翻不了身，想想竞赛日脚蛮长，光靠硬拼是不行的"[①]。而在"大跃进"时期，硬拼硬闯的情况更是普遍发生，有的工人甚至数月回不了家，每天平均工作超过 15 个小时。

此外，上文提到，"大跃进"时期，企业全面叫停了以计件工资制为代表的物质激励措施，实行带有平均主义特征的"计时 + 奖励"工资制度。尽管一些企业还保留节约奖、安全奖、质量奖、超额奖等奖项，但奖金额不断下降。获奖职工普遍反映"奖金太少了，没啥作用"[②]。有的工人抱怨："这种奖励是吃大锅粥，再先进每月只能多得一块八角，先进不先进有啥？"大部分技术工人提出，奖励应该有所区别，"责任有大小，贡献有多少，技术有高低，工作有复杂简单，劳动有吃力省力，奖金应该有区别"。还有先进生产者表示，荣誉称号"只是多了一张红纸头"[③]。

对"经济主义""个人主义"的批判，使物质激励成为一个敏感话题，表现在竞赛组织者不敢提奖金，表彰先进不敢发奖金，模范人物不敢接奖金，否则就会引起舆论围攻，原本兼有精神激励和物质激励的劳动竞赛，几乎只存在精神激励的成分。理应发放给工人的奖金，也多用以弥补主管部门无法报销的开支，以及用于增加固定资产。甚至连加班加点的工资补贴也得不到兑现。更有一些企业连奖励也不发放，以"反对钞票挂帅""铲除资产阶级法权"为由，取消了劳动竞赛奖、创造发明奖和合理化建议奖。有基层干部承认，劳动竞赛凭借政治热情推动，但热情的时效相对短暂，因此只能成为"突击式"的手段。工人也普遍表达了对劳动竞赛"疲惫和厌倦"的态度[④]。

"大跃进"之后，劳动竞赛一度正常开展，但实施力度已不如 20 世纪 50

---

① 陈雁、马军 . 旧稿拾遗——上海工厂史料两种［M］. 上海：线装书局，2019：265.

② 劳动部、上海市劳动工资委员会关于改进企业奖励制度和计件工资问题的通知及上海市劳动有关问题的报告［Z］.1961 年 6 月，B127-1-1044，上海市档案馆藏 .

③ 中共上海市委劳动工资委员会 . 劳动工资情况［Z］.1959（35），A11-2-75，上海市档案馆藏 .

④ 林超超 . 生产线上的革命——20 世纪 50 年代上海工业企业的劳动竞赛［J］. 开放时代，2013（1）.

年代。同时，劳动竞赛的内容也发生明显变化，从之前偏重于增加劳动强度，逐渐向改进生产技术、劳动组织和改善管理、注意技术安全等较高层次发展。劳动竞赛的计划任务更注重实事求是，针对具体问题组织竞赛，使竞赛目标较为明确，切合实际。一些企业开展了“五好”班组和“五好”职工竞赛。“五好”班组是指政治工作好、完成任务好、班组管理好、经常学习好、团结互助好，“五好”职工是指政治思想好、完成任务好、遵守纪律好、经常学习好、团结互助好。这些活动对提高职工的政治觉悟、调动生产积极性、加强企业管理起到良好的效果，“‘五好’竞赛体现了政治和经济、技术的结合，科学管理和群众运动的结合，生产和生活的结合，领导和群众的结合……使竞赛的领导得到加强”①。

从劳动竞赛的制度设计开始，这一措施就被视为抓革命与讲生产紧密结合的重要实践路径，目的在于不扩大人力和设备投资的基础上，通过群众性的生产动员来达到增效降耗的经济效果，并借此对基层社会进行调整和完善，一方面创造生产业绩，另一方面也能培养劳动模范和积极分子，为社会主义生产体制不断地注入活力。这种非常规的生产活动也会产生负面效应，直接表现在与劳动定额、指标管理结合之后，容易产生重数量、轻质量的情况，加剧“过度生产”②。在推进现代企业制度的过程中，劳动竞赛是否还有继续开展的必要；怎样发挥劳动竞赛的激励作用，提升职工的积极性、主动性、创造性，是学界和企业都应着重思考的问题。“劳动竞赛是发动工人群众的创造性和积极性来从事建设社会主义的方法，是提高劳动生产率和改进生产的动力”③，这一观点从现在的角度来看并不过时。

---

① 倪志福 . 当代中国工人阶级和工会运动（下）［M］. 北京：中国社会科学出版社，1990：15.

② 渠敬东，等 . 组织变革和体制治理：企业中的劳动关系［M］. 北京：中国社会科学出版社，2015：75.

③ 张志林、王冲 . 劳动竞赛手册（上）［M］. 北京：中国铁道出版社，1988：287.

三、政治教育：树典型、做新人

除了越级提拔与劳动竞赛之外，通过评选劳动模范的方式树立典型也是激励工人投入生产的重要方式。评选表彰劳动模范的活动由来已久，根据地时期即已盛行一时，1949 年之后继续在国营企业中推行，并成为主要的生产激励方式①。随着工业化进程的加快，工厂吸纳了越来越多的劳动力。这些新工人对于工厂的劳动管理并不适应，尤其是与机器生产所要求的组织方式产生龃龉，造成了一些劳动纪律问题。因此，有关方面通过对劳动模范的评选和表彰，树立生产线上的正面形象，激励劳动者成为社会主义“新人”。

中华人民共和国成立之后，各地企业为了恢复经济、发展生产，大量吸纳劳动力入厂工作。据统计，1951 年全国职工总数为 1282 万，1952 年增加到 1603 万，1953 年增加到 1856 万，1956 年社会主义改造基本完成之时，新工人增加了 1374 万。到了“大跃进”初期，由于基本建设规模急速扩大，企业从业人员达到 4416 万人②。入厂工人数量的急速上升，使得劳动纪律问题成为各方关注的焦点。多数新工人“是刚脱下学生装的学生和昨天的农民，不少是过去的小商贩，其余的人则情况更为复杂，有家庭妇女、转业军人、专业的手工人员、轻工业工人、店员、摊贩等，甚至还有少数惯窃、舞女、流浪艺人、劳动教养释放分子”③。由于传统劳动习惯的影响，加上未经受过各种斗争、锻炼和改造，工人们对工厂的生产节奏并不适应，导致出现“缺勤旷工率增高、不遵守操作规程、不服从指挥调动，在少数工人中赌风滋长，个

---

① 游正林．我国职工劳模评选表彰制度初探［J］．社会学研究，1997（6）．

② 汪海波．中华人民共和国工业经济史（1949.10—1998）［M］．山西：山西人民出版社，1998：307.

③ 共青团上海市委关于乘“反浪费、反保守、比先进、比多快好省”运动之风，进一步保证青年工人思想大跃进的调查资料（草稿）［Z］.1958 年 9 月，C21-1-600-7，上海市档案馆藏．

别工人有偷盗诈骗行为”等情况[①]，甚至还出现了破坏工具、损坏机器、对抗领导、斗殴滋事等问题，“令人触目惊心”[②]。

同时，由于有关方面大力宣传工人当家作主，使得一些工人以此做文章，认为工人阶级是统治阶级，既然是工人管理企业，就可以随随便便，甚至公开质疑“生产时间内不请假不准任意外出”这一条文，声称“连出入的自由都没有了，还当什么主人”“现在不像国民党时代了，请假也能拿到工资”[③]，工人的旷工、怠工行为给企业生产带来严重影响，生产计划被打乱，无法完成生产任务。

“向成熟的工业社会的过渡必须有某种劳动习惯的剧烈的再建——新的纪律、新的刺激，以及使这种刺激有效发挥作用的新人性。”[④]有关方面通过制定劳动纪律、塑造典型人物等方式，力求摈弃工人旧的劳动习惯，使之适应新的生产生活方式，以此加强企业管理。在劳动纪律的制定方面，1950 年 11 月，劳动部公布了《关于劳动争议解决程序的规定》，明确了各类企业因劳动纪律处罚所引起的劳动纠纷的基本处理程序。1953 年，中华全国总工会发布了《关于巩固劳动纪律的决议》，要求各级工会组织把巩固劳动纪律作为重大责任，在一定时期内开展民主生活会、批评与自我批评、抓住典型事例等，集中对职工群众进行劳动纪律的教育，对于严重破坏劳动纪律、屡教不改的人员，要给予适当的处分[⑤]。而在 1954 年，政务院颁布了《国营企业内部劳动规则纲要》，要求各企业单位的厂长或经理根据本纲要和本部门内部劳动规则的规定，结合具体情况，拟订本企业单位的内部劳动规则，征得本企业单位工会组织的同意，并经当地劳动行政机关审核后，报送上级管理机关批准实

---

① 李尔重 . 关于领导工业生产中的几个问题［M］. 湖北：中南人民出版社，1953：44.

② 符鹏 . 生产组织、文教实践与主人意识——一九五三年天津工厂的秩序重建及其精神意涵［J］. 中共党史研究，2018（5）.

③ 何光 . 当代中国的劳动力管理［M］. 北京：中国社会科学出版社，1990：306.

④ 吴长青 . 革命伦理与劳动纪律——20 世纪 50 年代初国营企业的劳动激励及其后果［J］. 开放时代，2012（10）.

⑤ 何光 . 当代中国的劳动力管理［M］. 北京：中国社会科学出版社，1990：307.

行。这些规定使劳动纪律的处理变得有法可依。

而在树立典型人物方面，从中央到地方，掀起了轰轰烈烈的劳模评选和表彰活动。1950 年 9 月 25 日至 10 月 2 日，全国工农兵劳动模范代表会议在北京召开，464 人被中央人民政府授予全国劳动模范称号，毛泽东在会上指出，劳动模范“是全中华民族的模范人物，是推动各方面人民事业胜利前进的骨干，是人民政府的可靠支柱和人民政府联系广大群众的桥梁”①，劳动评选自此成为一项群众化、制度化的社会活动。1950 至 1960 年，先后召开了 4 次大规模的全国性劳模代表会议，共表彰了全国 6510 个先进集体和 11126 名先进个人。国务院各部委、各省市县人民政府、各基层单位、事业和机关以及团体单位，以各种形式评选表彰先进人物，并授予相应级别的劳动模范称号。

谁能成为劳模？根据 1956 年召开的全国先进生产者代表会议上所列出的标准，要求参会代表必须是：（1）提前完成第一个五年计划规定指标的先进生产者；（2）达到优等质量指标的先进生产者；（3）在学习与推广先进经验或在掌握先进技术、试制新产品方面有成就的先进生产者；（4）在节约方面有优良成绩的先进生产者；（5）优秀的合理化建议者和合理化建议工作的组织者；（6）能够经常帮助达不到定额的工人提高到先进生产水平的先进工作者；（7）先进的工程技术人员和职员；（8）在工作中有优秀成绩的先进工作者（如优秀的教育工作者、科学工作者、商业工作者等）；（9）先进小组、车间、企业的代表。由此可见，要参加全国性的先进生产者代表会议，首要条件是提前完成生产计划规定指标。在日常话语中，也明确表示劳模的作用主要体现在生产战线上，能够“一人顶两个半人”或“一人顶三人”甚至“一人顶更多人”，最终成为“一个走在时间前面的人”②。

劳动模范的身份能够带来哪些收益？在制度设计中，劳动模范原本能够

① 毛泽东代表中共中央致祝词［N］. 人民日报，1950 年 9 月 26 日 .

② 林超超 . 中国劳模制度的政治经济学分析——以陆阿狗和他的模范小组为例［J］. 上海大学学报（社会科学版），2018（6）.

在物质利益上得到回报，如1951年颁布的《国营企业提用企业奖励基金暂行办法》中，规定不同企业按照实际劳动强度和影响职工健康程度以及提高生产定额和降低消耗定额的可能性，可以按比例提留企业奖励基金，用作发给先进工作者、劳动模范的个人奖金，模范单位的集体奖金，及其他不包括在工资总额内的奖金。但在实际操作过程中，奖励基金的发放往往受到限制。出于对“经济主义”的担忧，有关部门在处理基金时，一般以戴红花、插红旗、登报表扬等政治的、荣誉的形式，对劳动模范和先进工作者进行奖励。

除了奖励基金之外，劳动模范还能够获得其他非现金的奖励，例如成就表彰、职位晋升、分配住房、食品供应、为家属和子女安排工作等。在成就表彰方面，改革开放之前全国性的先进生产者代表会议，一般都有国家领导人参加。获得劳模称号，得到毛主席的接见，登上天安门城楼，参加国庆观礼活动，成为许多生产者的追求与梦想。当劳模从北京载誉归来回到工厂，将所见所闻加以介绍宣传，又会进一步提高劳模本身的自豪感，对其他工人也能够形成一种“强激励”。国家以“树典型”的方式有组织地宣传和倡导，把主流意识形态向社会传播，潜移默化中成为民众认同的价值观念[①]。至少在改革开放之前的一段时期，由劳模表彰所带来的激励效果是比较明显的[②]。在职位晋升方面，被选出的先进工作者多数有机会获得提拔，经过在岗培训，进而跻身管理层，从普通工人蜕变成为中高级干部，如上文提及的陆阿狗，就从工人岗位被提拔为副厂长。而在分配住房方面，1952年4月，上海市第一个工人新村——曹杨新村正式建成，最早获得入住资格的就是114位劳动模范和先进生产者。随后拿到新居钥匙的职工依据的是择优原则，即在工厂中从事技术创造发明、提出合理化建议、对生产有极大贡献、生产上一贯带头的优秀先进工作者，或是工龄较长的老年工人、生产上一贯积极但住房情

---

① 冯仕政．典型：一个政治社会学的研究［J］．学海，2003（3）．

② 姚力．新中国成立初期的劳模表彰及其社会效应［J］．党的文献，2013（4）．

况特别拥挤之职工[①]。劳动模范和先进生产者入住曹杨新村的做法具有极强的示范效应，激励后进职工努力生产，为完成生产任务作出贡献。当然，由于劳动模范和先进生产者的数量呈现井喷状态，分配住房的做法也在1956年之后逐渐停止。

一些学者比较过中苏两国关于劳动模范的宣传话语，发现苏联的宣传高度重视物质奖励，强调劳动打破工作定额而获得大量的金钱报酬，“将产量与薪资直接挂钩，用更高的薪资及特权来刺激生产，加速经济发展”，进而借劳模之口，说出“轻松的工作，更多的薪资”“好工作带来更多的薪资”“更多的钱代表更多东西，如额外的舒适”等[②]。随着斯达汉诺夫运动的兴起，用高工资来刺激劳动生产率、将工资制度与个人的生产能力牢牢挂钩的政策，导致苏联工人内部的收入分化越发明显，最高工资和最低工资之间相差30多倍[③]，甚至出现了一批“工人贵族”[④]，“苏联所遵循的路线使物质方面的日益不平等长期化了”[⑤]。

而中国的劳模宣传虽然也涉及一定的经济好处，但更倾向于荣誉宣传，“既是劳动明星，更是政治正确性的样板，不仅需要在生产上发挥先进作用，还需要在各种政治活动和社会活动对广大群众进行教育”，一旦表现出“时尚”“摩登”的一面，难免会受到“自满骄傲”“脱离群众”的批判[⑥]。甚至连“好好生产吧，奖金向你招手了”“超额生产多得工资”这样的口号也不敢提，因为一旦提出，就等同于把宣传鼓动工作“降低到经济主义的水平来适应一部分落后群众”，这被认为是“资本主义思想”的具体表现[⑦]。对于向劳动模范

① 张仲清.美丽的曹杨新村［M］.上海：上海教育出版社，1960：8-14.

② 余敏玲.形塑“新人”：中共宣传与苏联经验［M］.台北：“中央研究院”近代史研究所，2015：293-296.

③ 迈斯纳.苏联的社会变革：俄国走向工业社会的道路［M］.北京：生活·读书·新知三联书店，1977：34.

④ 马修斯.苏俄的阶级与社会［M］.北京：商务印书馆，1979：94-95.

⑤ 贝特兰、斯威齐.论向社会主义过渡［M］.北京：商务印书馆，1975：113.

⑥ 刘亚娟.再造与自塑：上海青年工人研究（1949—1965）［M］.上海：复旦大学出版社，2020：170.

⑦ 中共山西省委党史办公室.赖若愚纪念文集（上）［M］.北京：中共党史出版社，2012：422-423.

给予物质奖励的做法，领导人的看法是“要强调个人利益服从集体利益，局部利益服从整体利益，眼前利益服从长远利益。要讲兼顾国家、集体和个人，把国家利益、集体利益放在第一位，不能把个人利益放在第一位。不能像他们那样强调个人物质利益，不能把人引向‘一个爱人，一座别墅，一辆汽车，一架钢琴，一台电视机’那样为个人不为社会的道路上去”[①]。

对劳动模范的表彰，目的在于用榜样的力量来教育和带动广大群众[②]。“任何有群众的地方，大致都有比较积极的、中间状态的和比较落后的三部分人。故领导者必须善于团结少数积极分子作为领导的骨干，并凭借这批骨干去提高中间分子，争取落后分子。”[③]对榜样作用的强调，使得劳动模范的评选逐渐从“绩效至上”转变为“道德优先”。由此带来的结果是，劳模首先要“表现”得“道德高尚”，以达到政府、社会和工人群体对他们的期望，于是出现了各种道德表演[④]。“表现”这个定义含糊的个人价值概念成为劳模评选、奖金发放和职位晋升的评估标准，主要内容包括他们的政治思想、工作态度、对同事以及组长的帮助程度、对领导的服从程度等。长此以往，造成了劳模评选机制的异化。

四、推行精神激励的深层因素

总体而言，改革开放之前的企业多数采取精神激励的措施对工人进行政治教育、树立典型、组织劳动竞赛、越级提拔，这些做法都试图在有限的条件下激发劳动者的干劲和热情。即使在制度设计时，试图兼顾物质激励与精

---

① 中华人民共和国史学会．毛泽东读社会主义政治经济学批注和谈话（简本）[M]．内部发行，1998：275.

② 姚力．劳模表彰：毛泽东群众路线思想的应用实践 [J]．当代中国史研究，2013（6）.

③ 毛泽东选集（第三卷）[M]．北京：人民出版社，1991：898.

④ 张婧．劳动模范：在道德与权力之间——从社会学的视角看一种道德教育制度 [J]．开放时代，2007（2）.

神激励，但在实践过程中，之前许诺的竞赛优胜者、先进生产者奖金也多以各种理由不予发放。

对于精神激励措施的热衷，或许与领导人对待物质利益既利用又拒斥的矛盾态度有关。毛泽东就认为，“钱这个东西是很讨厌的，可是我拿它也没有办法，现在谁拿它也没有办法，列宁也没办法”，一旦时机成熟，还是要将工资制度重新变更为供给制[①]。他还表示,“人不一定天天、月月、年年都要靠物质刺激。在困难的时候，只要把道理讲通了，减少一些物质刺激，人们一样要干，而且还干得很好。教科书把物质刺激片面化、绝对化，不把提高觉悟放在重要地位，这是很大的原则性错误。拿八级工资制来说，他们不能解释同一级工资中间，为什么人们的劳动有几种不同的情况。比如说，都是五级工，可是有一部分人就干得好，有一部分人就干得很不好，有一部分人干得大体上还好。物质刺激都一样，为什么有这样的不同呢？照他们的道理，这是解释不通的”[②]。

领导人对物质激励的反感态度是值得推敲的，这涉及对社会主义企业生产关系的重要理论问题。毛泽东在《矛盾论》中指出，“生产力、实践、经济基础，一般地表现为主要的决定的作用，谁不承认这一点，谁就不是唯物论者。然而，生产关系、理论、上层建筑这些方面，在一定条件之下，又转过来表现其为主要的决定的作用，这也是必须承认的。当不变更生产关系，生产力就不能发展的时候，生产关系的变革就起了主要的决定的作用”[③]。毛泽东并不否认发展生产力对于国家与政党的重要性，他在1945年的中共七大上就提出，检验一个政党的好坏，就看它约束生产力还是发展生产力。但从整体来看，毛泽东更关注生产关系的变革问题，“生产关系的革命，是生产力的一

---

① 杨奎松．从供给制到职务等级工资制——新中国建立前后党政人员收入分配制度的演变［J］．历史研究，2007（4）．

② 中华人民共和国史学会．毛泽东读社会主义政治经济学批注和谈话（简本）［M］．内部发行，1998：275.

③ 毛泽东选集（第一卷）［M］．北京：人民出版社，1991：325.

定发展所引起的。但是，生产力的大发展，总是在生产关系改变以后”[①]，“抓革命”要置于“促生产”之前。他明确地说，“我注意较多的是制度方面的问题，生产关系方面的问题，至于生产力方面，我的知识很少”[②]。

如何解决“只见物、不见人”的问题？毛泽东表示，在所有制问题解决之后，“最重要的是管理问题，即全民所有的企业如何管理的问题，集体所有的企业如何管理的问题，这方面是大有文章可作的”。他构想中的社会主义企业生产方式，“必须建立与公有制性质相适应的、体现劳动者之间平等互助合作关系的管理制度”，仅仅将生产资料的产权收归国家所有，是远远不够的[③]。他给出的解决方案，是回到根据地时期的“扁平化管理”模式，即“在军队内部实行民主制度，官长不许打骂士兵，废除烦琐的礼节，建立新的带兵方法，开会士兵有说话的自由，经济公开，官兵待遇平等，吃饭穿衣都一样”[④]。“官兵一致、军民一致”的做法，“让基层的被管理者参与到管理和监督中来，从而把管理和监督事务及其成本向下分担。这在另外一个方面避免了所有管理权力集中在管理层手里的弊端”，使权力和利益在管理者和被管理者之间“进行相对均衡的分配”，提升总体的管理绩效水平[⑤]。

有学者总结，中国共产党阐明的目标是使每个人都参与发展进程，要实现发展而不使一个人落伍，要实现平衡增长而不是片面发展，体现出现代管理体系中的参与导向特征，依靠成员的自我控制和管理，使成员参与组织决策与管理工作，建立共同价值观的信念，与苏联企业借鉴“泰罗制”而形成的控制导向特征较为不同[⑥]。这也是20世纪50年代中期批评“一长制”的主要原因，认为“一长制”以严格的科层制割裂职工的工作属性和决策属性，

---

① 毛泽东文集（第八卷）[M].北京：人民出版社，1999：131.

② 逄先知、金冲及.毛泽东传（1949—1976）[M].北京：中央文献出版社，2003：1203.

③ 周新城.毛泽东经济思想的若干问题探讨（下）——学习《毛泽东读社会主义政治经济学批注和谈话》[J].当代经济研究，2016（4）.

④ 何长工.何长工回忆录[M].北京：解放军出版社，1987：103-104.

⑤ 田力为.从“根据地经验”看中国社会主义新传统[J].开放时代，2008（5）.

⑥ 张申.“鞍钢宪法”的管理思想：成因、机理与价值[J].上海经济研究，2018（5）.

使层级间出现自上而下的单向信息传递，产生所谓的“文化断层”，管理层无法了解实践中出现的具体问题，做出迅速而准确的判断，基层员工的需求难以被满足，工作积极性受到影响，导致企业无法形成具有向心力、凝聚力的民主文化氛围[①]。这与强调党员干部和工人共同参与、采取积极的群众动员和意识形态教化的革命传统相脱节[②]。

“扁平化管理”对1949年之后企业管理制度的建立具有长久影响。《鞍钢宪法》的理念设计就体现出“扁平化管理”的鲜明印记。《鞍钢宪法》倡导“两参一改三结合”，要求干部参加劳动，工人参加管理，不断改革不合理的规章制度，领导人员、工人群众和技术人员三结合，旨在通过“调整企业中的生产关系，改革不合理的规章制度和建立合理的规章制度，充分调动广大职工群众的主人翁的积极性和创造性，从而保证了更好地贯彻执行党的社会主义建设总路线，实现了生产建设事业的大跃进”[③]。

毛泽东对计件工资制的抨击，源于这一制度所造成的个体主义和工人分化等后果。由于社会主义企业生产指标和生产能力之间的紧张状态，以及原材料短缺的情况长期存在，一旦企业管理者为了完成生产计划而采取计件工资制的分配方式，就会使工人能够在不确定的生产环境下自主掌控工作进度，与上下游工友和辅助工自行协调。由此导致企业管理者将劳动过程的控制责任让给工人，由其自主地选择工作方式和进度节奏，自负盈亏、自助自控，每个工人给自己设定的生产目标都是高度个人化的，随其个体的工作经验、操作能力、工种工序等特征而发生变化。这种状况对于建立与公有制性质相适应的、体现劳动者之间平等互助合作关系的管理制度非常不利。毛泽东即认为，“苏联的工资政策是以计件为主、计时为辅，我们则以计时为主、计件

① 刘刚，等. 中国企业文化70年：实践发展与理论构建［J］. 经济管理，2019（10）.

② 麦克法夸尔、费正清. 剑桥中华人民共和国史（上卷）［M］. 上海：上海人民出版社，1990：136.

③ 中华人民共和国史学会. 毛泽东读社会主义政治经济学批注和谈话（简本）［M］. 内部发行，1998：276.

为辅。计件工资的毛病，是增加新老工人之间、强弱劳动力之间、轻重劳动之间的矛盾，助长工人为‘五大件’而奋斗的心理，使人们不是首先关心集体事业，而是首先关心个人的收入”[①]。对物质利益的追求，制造出了基于技术水平、性别、年龄、肤色的竞争与分裂，最大程度地破坏工人的团结，即使提高了劳动生产率，也会滋长个体主义，形成群体内部的矛盾分化[②]。

除此之外，领导人的意志体现在对“不患寡而患不均”传统思想的留恋上。毛泽东曾表示：“我们的党是连续打了二十多年仗的党，长期实行供给制，实行供给制的人员，第二次国内战争多的时候有几十万人，少的时候也有几万人，抗战时期从一百多万增加到几百万,一直到解放后初期，大体是过着平均主义的生活。”[③]正如斯诺所言，“就我在西北所看到的而论，如果称之为农村平均主义，较之马克思主义作为自己的模范产儿而认为合适的任何名称，也许更加确切一些”[④]。一旦出现收入差距扩大的状况，政策的制定者会习惯于从之前的经验中寻求合法性，对这一状况进行批评。

五、改革开放之前精神激励政策的总体评价

对于精神激励的后果，学界的主流评价多数不高，认为注重精神方面的刺激、在劳动报酬方面采取平均主义的方针导致国营企业相对低下的生产效率，“城市职工的报酬是固定的，与个人劳动努力及企业绩效都没有关系，即无论职工个人干多干少还是职工群体干多干少，都不会影响职工个人收入。

① 中华人民共和国史学会．毛泽东读社会主义政治经济学批注和谈话（简本）［M］．内部发行，1998：276.

② 谢国雄．纯劳动：台湾劳动体制诸论［M］．台北：“中央研究院”社会学研究所筹备处，1997：115–117.

③ 中华人民共和国史学会．毛泽东读社会主义政治经济学批注和谈话（简本）［M］．内部发行，1998：474.

④ 斯诺．西行漫记［M］．北京：生活·读书·新知三联书店，1979：193.

由于职工个人多劳不能多得，劳动激励必然不足”[①]。据统计，企业全员的劳动生产率，从 1952 年的每人每年 4184 元，增加至 1978 年的每人每年 11130 元，增长了近三倍[②]。

既然激励不足，又如何解释劳动生产率提高和经济增长的现象呢？我们认为，现有关于劳动激励不足、工人普遍怠工的情况，主要集中在 20 世纪 70 年代，即“文化大革命”中后期。由于职工工资长期偏低、增长缓慢，且工资分配领域“平均主义”“大锅饭”现象严重，取消奖金发放，使工人的积极性和创造性受到严重阻碍，出现了改革开放初期的工厂中常见的怠工、旷工、“混日子”等现象。而这些情况，在“文化大革命”之前虽然也存在，但并非常态。而在华尔德对工人的访谈中，也多次有工人提到“在六十年代早期，工作积极性根本不成问题……只是到了‘文革’中和‘文革’后，事情变得乱七八糟了”，“同六十年代早期相比，工人的热情和纪律在七十年代要差多了”[③]。可见，如果将改革开放初期的工厂情况作为对改革开放前 30 年企业生产风貌的整体评价，肯定不够全面合理。

回顾“文化大革命”之前的 17 年，虽然也出现过“大跃进”时期将计件工资制改为“计时 + 奖励”工资制度，压制物质激励、推崇精神激励的情况，但从总体情况而言，物质激励仍是这一时期较为普遍的激励方式。无论是“大跃进”之前的计件工资制和奖金制，还是 1962 年之后在部分企业试行的“半计件工资制”，都是物质激励的具体表现。在多数历史时期，物质激励和精神激励同时发挥作用，既有越级提拔、劳动竞赛、政治教育等方式，也有计件工资、劳动奖励等手段。激励制度的综合使用，才是改革开放之前企业中的常态现象。多数学者对这些时期的经济发展情况也表示肯定，可以看

① 林毅夫、蔡昉、李周．中国的奇迹：发展战略与经济改革［M］．上海：上海三联书店，1994：83.

② 李怀印、黄英伟、狄金华．回首“主人翁”时代——改革前三十年国营企业内部的身份认同、制度约束与劳动效率［J］．开放时代，2015（3）.

③ 华尔德．共产党社会的新传统主义［M］．英国：牛津大学出版社，1996：232.

到，精神激励措施要想取得积极效果，关键因素是充分发挥党组织的作用，党员干部要扮演“引导者”的角色。以劳动竞赛为例，在企业党委的统一领导下，根据党和国家的方针政策及政治经济形势，以工会为主，会同行政和共青团等部门分工负责，讨论决定劳动竞赛的目标内容，由党、行政、工会、共青团的有关人员组成竞赛领导小组或评比委员会。行政主要解决竞赛中有关生产技术和经营管理方面的问题；工会负责组织竞赛的日常工作，协调和组织各方力量，研究解决竞赛中遇到的问题；共青团负责发动青年参与竞赛，做好青年工人的思想工作。各项工作最终归党组织统筹。如上海市钢铁加工工业公司发动劳动竞赛时首先成立竞赛指挥部，在党组织的领导下分级建立劳动竞赛领导小组，由党的主要负责同志任各组组长，吸收技术人员、管理人员和工人积极分子参加，以便深入一线，了解情况，督促检查，总结经验，在组织上保证竞赛的持续开展[①]。

党组织在劳动竞赛中所承担的领导责任是竞赛得以开展的关键。一些企业表示，如果党组织不参与劳动竞赛的领导，而由工会单独组织，竞赛过程就会显得非常混乱，表现在得分多的部门不服众，得分少的部门不服气，互相批评、质问上级，导致激励效果根本无从发挥[②]。只有党组织参与其中，通过宣传教育工作使职工群众普遍认识到开展劳动竞赛的目的和重要意义，动员全体党员起到骨干带头作用，并经常检查工会、行政、青年团在组织劳动竞赛中的工作，才能真正起到提高劳动生产率、改进生产管理、革新生产技术的效果[③]。

党组织并非一个虚体机构，而是由活生生的党员干部构成。在开展劳动竞赛的过程中，只有党员干部冲在第一线，充分发挥模范带头作用，定期或

① 上海市钢铁加工工业公司关于经理、厂长会议记录［Z］. 1960 年，B18-1-64，上海市档案馆藏.

② 安岗. 从一个工厂看社会主义企业管理［M］. 北京：工人出版社，1955：91-92.

③ 张志林、王冲. 劳动竞赛手册（上）［M］. 北京：中国铁道出版社，1988：287.

不定期地深入各部门，对竞赛活动的情况进行检查指导，及时发现和纠正存在的问题，竞赛才能实实在在取得效果。相反，如果党员干部只是充当发号施令的角色，竞赛最终就会体现出形式主义的一面。据老工人回忆，“精神激励措施之所以能够起到效果，主要是由于党员干部深入基层，以身作则，多数企业还规定，厂级领导每月下基层工作 1~2 天；科室和车间领导每月 3~5 天，和工人共同干活，帮助解决生产过程中的生产技术等问题”。“没有偷懒的，不是摆样子，跟工人打成一片”，在开展劳动竞赛或有重要任务需要完成时，也时常能够在车间见到他们的身影。可以说，党组织的有效领导和党员干部的深入群众，是改革开放之前企业生产活动得以开展、劳动生产率不断提高的关键因素。

事实上，所谓物质激励与精神激励并非两个对立的概念，因为两者都面对着物质利益的问题，核心差异在于如何看待和如何分配物质利益的问题。“文化大革命”后期出现的工人劳动积极性下降的现象，恰恰是由于将物质激励与精神激励对立起来，形成“非此即彼”的态势，甚至到了“闻奖金而色变”的程度，这才是出现“激励不足”现象的主要原因。

总之，激励方式不应偏于某一种类型，而应兼顾物质激励和精神激励。如果过于依靠物质激励，如苏联、东欧的情况，实行较大范围的计件工资制和物质刺激，导致一旦出现经济波动甚至衰退的情况，工资就无法实现预期中的提升；或是工资增长跟不上物价的上涨，产生通货膨胀和货币贬值，工人感知不到物质刺激，“多劳无法多得”，容易转化为对企业组织乃至政府的不满，表现出的是显性的集体抗争与隐性的集体怠工，甚至出现波兰波兹南事件、苏联新切尔卡斯克事件、维切布斯克事件[①]等因工资率和定额的调整

① 1956 年，波兰为了控制工资增长，对计件单价进行调整，导致多数工人的收入下降，加上日用品缺乏、物价上涨等因素，致使波兹南事件爆发；1962 年 5 月，苏联新切尔卡斯克地区的电力机车制造厂多次提高工作定额、降低计件单价、压低底薪，使工人的收入下降了 30%，导致上千名工人发动抗议活动，造成工厂数日的停工；1973 年，苏联维切布斯克市一家工厂发生罢工，反对厂方制定的降低计件工资定额 20% 的规定，迫使厂方恢复了原来的定额。

而引发的群体抗争局面，这是苏联企业的劳动生产率在勃列日涅夫时期长期停滞乃至下滑的重要原因。苏联工人的流动性太高，无法对职工进行教育和发动，同时党组织又缺乏人手，也不够严密，政党的控制力难以渗透到基层，使得企业生产管理人员只能采用更大的工资差别和计件工资制对工人进行物质刺激①。这导致了苏联的工业化进程与资本主义模式并不存在本质差异，只是在某些细节上有所区别，"从高产的资本主义结构中铲除某些'赘疣'、改进工作条件、在工厂组织上加上一个正式的'工人管理'机构、以社会主义计划工作代替资本主义的积累和分配的结构"②。有学者指出，在变革所有制形式之后，企业组织形态大量保留资本主义的管理特征，未能在生产领域继续进行探索，是苏联等社会主义国家实践失败的主要原因③。

同时，如果过于依赖精神激励，虽然便于企业在外部环境需要时发动政治运动和思想动员，但也使企业在日常生产工作方面很不得力，劳动激励不足④，"仅仅靠政治学习和周期性的充斥着政治口号的生产运动是最安全的管理办法，但这样的办法作用有限"⑤。以意识形态和政治教化的方式对成员进行精神激励，无法保持长期的激励效果。在落后生产力的状态下，劳动者无法摆脱将劳动作为一种谋生手段的事实，社会主义整体利益和劳动者个体利益之间必然存在着天然的矛盾，劳动者的生产投入仍需要在物质上体现出"多劳多得"的特征⑥。在一个低度工业化基础和高度工业化诉求的政权中，由于工人的普遍贫困、技术人员的匮乏、有效激励措施的不足，"委托—代理"困境会显得更加突出。

总而言之，不讲个人得失，注重在集体中的投入贡献，使劳动报酬与劳

---

① 华尔德．共产党社会的新传统主义［M］．英国：牛津大学出版社，1996：125–126.

② 布雷弗曼．劳动与垄断资本——二十世纪中劳动的退化［M］．北京：商务印书馆，1978：14–18.

③ 阿格尔．西方马克思主义概论［M］．北京：中国人民大学出版社，1991：423.

④ 加拉格尔．全球化与中国劳工政治［M］．浙江：浙江人民出版社，2010：81–82.

⑤ 华尔德．共产党社会的新传统主义［M］．英国：牛津大学出版社，1996：232–247.

⑥ 陈健、郭冠清．落后生产力国家社会主义的优越性：中国道路的回顾与比较［J］．兰州学刊，2020（2）.

动贡献全面脱节，难以长期保证对劳动者的充分激励。对劳动者进行物质激励，以此推动生产力的发展，仍然是必须采取的一项措施。“解决方式不在于否定经济刺激的作用，而在于刺激制度的合理结构和直接的物质利益以及构成严格意义上的生产资料社会化过程的所有因素。”[①]

① 布鲁斯 . 社会主义的所有制与政治体制［M］. 北京：华夏出版社，1989：210.

第四章

改革开放之前物质激励的探索

对于改革开放前 30 年的国营企业而言，面临着提高生产率、发展工业化的时代要求，但是企业管理者既无法采用员工持股、分红激励等措施进行激励，也很难对有突出贡献的员工进行专门奖励。为此，企业管理者多次改变薪酬的发放形式，在政策允许的范围之内给予职工有限的物质激励，“合理的工资制度能够动员工人的生产积极性，从而更好地提高社会生产力水平与进行国家工业化建设”[①]。企业主要采取的手段是计件工资制和奖励制。对企业职工实行经常性的生产奖励，是企业中广泛采用的辅助工资形式，包括超额奖、质量奖、节约奖、安全奖、综合奖等。从得奖的时间上分，可分为月奖、季奖和年奖；从计奖的单位分，可分为个人奖和以班组、车间、科室为单位的集体奖。除了“文化大革命”等个别时期，奖励制度实行的情况较为平稳。而计件工资制的实行，则受到意识形态、领导人意志、实践条件、工人态度等因素的影响，出现过大起大落的局面，由此可以对物质激励的作用与局限做出更为整体且深入的评价。本章主要以计件工资制为中心展开对物质激励的讨论。

计件工资制是按照工人生产的合格品的数量（或作业量）和预先规定的计件单价所支付的工资，因此这是一种与生产绩效挂钩、体现“效率”的工资制度。但是，计件工资制强调多劳多得、少劳少得，容易造成收入差距的拉大，由此引发的工人内部矛盾与群体分化局面不利于政治稳定。同时，改革开放之前工资定额的技术管理水平较低，信息收集困难，导致计件工资制往往无法准确地反映工人的实际劳动成果[②]。因此，计件工资制在企业中“命运多舛”。本章即对计件工资制的实行情况进行梳理，尤其探讨企业各类行为

---

① 徐鹏 .20 世纪五六十年代工人工资问题研究的进路与展望［J］. 中国经济史评论，2020（2）.

② 华尔德 . 共产党社会的新传统主义［M］. 英国：牛津大学出版社，1996：127.

主体对这一薪酬制度的看法，并对制度“屡兴屡废”的深层原因加以分析。

一、“一五”时期计件工资制的全面推行

1949 年，中华人民共和国成立。经过几年的经济恢复之后，中国共产党提出了工业化的发展目标。1953 年党在过渡时期的总路线，其主旨思想便是“要在一个相当长的时期内，逐步实现国家的社会主义工业化”。1958 年掀起的“大跃进”运动，其出发点则是加快工业化步伐，“用最高的速度来发展我国的社会生产力，实现国家工业化和农业现代化”，“在重工业优先发展的条件下，工业和农业同时并举；在集中领导、全面规划、分工协作的条件下，中央工业和地方工业同时并举，大型企业和中小型企业同时并举；通过这些，尽快地把我国建成一个具有现代工业、现代农业和现代科学技术的伟大的社会主义国家”①。

为了能够发展经济、加快工业化，中央提出要以有效的激励手段，全面推进生产，尤其应当在企业内推广计件工资制。当时的宣传资料显示，计件工资制是不断提高劳动生产率、改进经营管理工作、贯彻经济核算制的最有效办法之一，计件工资制的优越性在于可以把工人的利益与国家利益正确地结合起来，工人在生产中任何微小的进步，都会得到国家的鼓励和物质上的利益；同样，工人在生产中的缺点和过失，除了国家遭受损失外，个人在物质上也会受到损失，因此，计件制最能鼓励工人发挥生产积极性、创造性，使劳动生产率不断提高。计件工资制能够促进工人全面发展，鼓励工人不断提高自己的政治、文化、技术水平和操作熟练程度，能够促进工人更加关心劳动组织和企业管理的改善，加强工人对自己工作的高度责任感。通过计件

① 中共中央文献研究室．建国以来重要文献选编（第 11 册）［G］．北京：中央文献出版社，1995：303-304.

工资制还能使劳动竞赛日常化，巩固与扩大劳动竞赛的成绩[①]。而计时工资制是“不能刺激工人上进的”，“为着加速完成国防建设和经济建设，计件工资制是应该大力推广的”[②]。

1956 年 7 月，国务院宣布进行第二次工资改革，在《关于工资改革的决定》等文件中，要求贯彻按劳分配原则，注意克服工资制度中的平均主义现象，改革工资制度中不适合生产发展需要的地方，并明确地推广和改进计件工资制，“各产业都应该制定切实可行的推广计件工资制的计划和统一的计件工资规程。凡是能够计件的工人，应该在 1957 年全部或大部实行计件工资制。同时，必须建立并且健全定期（一般为一年）审查和修改定额的制度，保证定额具有技术根据和比较先进的水平。实行计件工资标准的时候，应该由低到高，逐渐增加，并且必须同时修改落后的定额”，还规定了比计时工资标准高 4% 至 8% 的计件工资率[③]。

计件工资制的实行最早始于东北地区的中苏合营企业。1953 年之后，东北地区企业开始进行计件工资制的试点。1955 年，国营企业实行计件工资制的占全部生产工人总数的 32.5%，到 1957 年底，这个比例已经升至 42%，总数达 310 多万人[④]。北京市国营工业企业计件工人从 1955 年 10 月占生产工人总数的 11.7%，上升到 1956 年底的 44.45%[⑤]；哈尔滨 1955 年实行计件工资制的人数是 14775 名，到 1956 年就扩大为 25823 名，一年中增加了 74.79%[⑥]。

在计件工资制的物质激励之下，各地企业的劳动生产率普遍有所提高。

---

① 中共上海市第一重工业委员会宣传部关于推行计件工资制宣传资料［Z］.1955 年，A43-1-173-1，上海市档案馆藏 .

② 中国社会科学院、中央档案馆 .1949—1952 中华人民共和国经济档案资料选编 · 劳动工资和职业福利卷［G］. 北京：中国社会科学出版社，1994：475.

③ 中国社会科学院、中央档案馆 .1953—1957 中华人民共和国经济档案资料选编 · 劳动工资和职业保险福利卷［G］. 北京：中国物价出版社，1998：472.

④ 严忠勤 . 当代中国的职工工资福利和社会保险［M］. 北京：社会科学文献出版社，1987：60–61.

⑤ 中国社会科学院、中央档案馆 .1953—1957 中华人民共和国经济档案资料选编 · 劳动工资和职业保险福利卷［G］. 北京：中国物价出版社，1998：650.

⑥ 杨凤梧，等 . 从一个市的情况看计件工资制［J］. 劳动，1958（6）.

工业部系统的25个工厂在采用计件工资制后劳动生产率提高了70%[①]；沈阳第三机器厂自1950年实行计件工资制以后，在产量上超过上一年度61%，生产计划提高15%[②]；抚顺重型机械厂1955年实行计件工资制之后，该年第四季度的产量是第一季度的119.4%[③]。而从上海的情况来看，1956年9月、10月上海的14个国营工厂中，共有10家产量超额20%以上，最多的超额达50%。1956年10月，机电部所属的上海19个推行计件工资制的工厂中，劳动生产率普遍提高了20%~30%，最高达66%，最少也有6.35%[④]。

对于计件工资制提升劳动生产率、减少浪费、提高产品质量的效果，中央领导和企业管理人员表示基本肯定。1957年10月24日，周恩来在党的八届三中全会上指出，"计件工资制度对于提高劳动生产率有积极作用，这是肯定的"[⑤]。由于劳动生产率的提高，单位成本也进一步降低，例如，唐山钢厂的钢锭和钢材的单位成本分别降低3.5%和7.2%。与此同时，计件工资制还促使企业改进管理制度、改革生产组织形式，"大多数企业在实行计件工资制度的同时，大多建立和健全了质量检验制度、统计记录制度、原材料及工具收发保管制度等"。计件工资制还加强了劳动纪律，端正了劳动态度，提高了劳动出勤率，窝工现象也大大减少，"过去经常叫喊人员不够、要求增加人的单位，现在不但不叫喊，相反减少了很多人"，计件工人往往自觉地遵守厂内各

① 中国社会科学院、中央档案馆.1949—1952中华人民共和国经济档案资料选编·劳动工资和职业福利卷［G］.北京：中国社会科学出版社，1994：519-520.

② 郑春瑞.沈阳第三机器厂实行计件工资制的心得（上）［J］.机械制造，1951（3）.

③ 孙怀仁，等.试论上海工业中的计件工资制［C］.中国科学院上海经济研究所、上海社会科学院经济研究所编.关于计件工资问题——1959年4月讨论会论文、资料汇编［G］.北京：科学出版社，1960：87.

④ 孙怀仁，等.试论上海工业中的计件工资制［C］.中国科学院上海经济研究所、上海社会科学院经济研究所编.关于计件工资问题——1959年4月讨论会论文、资料汇编［G］.北京：科学出版社，1960：101.

⑤ 中华全国总工会.建国以来中共中央关于工人运动文件选编：1949年10月—1988年8月［G］.北京：工人出版社，1989：623.

种制度，迟到早退的现象大为减少[①]。

当然，在取得积极的激励效果之余，此时计件工资制度的推行也出现了一系列问题。例如，中央政府几次提出要推广计件工资制，并设置了一定的指标要求。而各部委又层层加码，“在新形势要求下提高了过去的指标”。1954 年，中央要求在 1955 年底 21.93% 的生产工人转为计件工人，各部委进而规定在 1955 年底应达到 35%，1956 年底达到 50.97%，1957 年底达到 70.1%[②]。以上海为例，当时上海市第一重工业委员会下属各厂在 1955 年上半年时，平均计件面为 2.16%，下半年已提至 10.64%，然而却远未达到上级给定的指标。许多工厂在接到上级下达的计件面指标时，实际实行计件的比例不到指标规定的一半，上海工具厂、中华造船厂等工厂实际实施情况还不到规定指标的三成（见表 4.1）。

表 4.1　上海市第一重工业委员会所属各厂推行计件工资制试点情况一览表（1955 年底）[③]

工厂名称	计件面指标	实际情况
上海工具厂	25%	7.2%
上海自行车厂	30%	22.4%
上海新中动力机厂	27%	19.4%
上海电焊机厂	21%	10.5%
四三七厂	15%	7.31%
四三九厂	5%	1.81%
中华造船厂	15%	3.38%

为了能够在短时间内扩大计件面，即使条件很差、定额管理无基础，许多企业管理者也争相推行计件工资制，如上钢三厂轧钢车间新换了设备，车间原始记录也没有，就草率实行计件工资制，结果试行五天超额 100% 以上。

① 中国社会科学院、中央档案馆 .1958—1965 中华人民共和国经济档案资料选编 · 劳动就业和收入分配卷［G］. 北京：中国财政经济出版社，2011：408-409.

② 中共上海市第一重工业委员会所属各厂党委关于推行计件工资试点情况报告、总结［Z］.1955，A43-1-24，上海市档案馆藏 .

③ 中共上海市第一重工业委员会所属各厂党委关于推行计件工资试点情况报告、总结［Z］.1955，A43-1-24，上海市档案馆藏 .

有的工厂将推行计件工资制作为单纯任务来完成，“把完成计件指标作为红旗竞赛的条件”①。一些企业对工资工作和定额管理也不够重视，“以为工资工作只是搞运动突击一下”，还有的企业没有专职的工资干部，无法根据工人的实际生产情况及时调整定额②。这些问题在“大跃进”时期都有更为直接的表现，导致出现工人分化与激励异化的现象，进而使计件工资制第一次被“叫停”。

二、工人分化与激励异化：“叫停”物质激励

由于中央文件要求“凡是能够计件的工人，应该在1957年全部或大部实行计件工资制”，1957年之后，各地企业不遗余力地扩大计件工资制的实施范围，导致短时间内无法对新增加的计件岗位确定定额，往往只能采取经验统计定额或估工定额的办法，这样算出来的定额标准与实际情况常常出入很大，使得计件工人有了较大的涨薪空间。计件工人和计时工人的收入差距急速拉大，造成了工人群体内部激烈的矛盾和分化。计件工人逐渐成为计时工人、工段长及定额员集体抨击的对象，出现了所谓计件工人“六大不团结”的说法——“搭班不团结，上下道工序不团结，小组内部和小组之间不团结，上下车间不团结，与计时工人不团结，计件工与定额员、工段长不团结”③，对企业的生产活动造成了一定的负面影响。

（一）计件工资制的实施所出现的问题

对于计件工资制的推行，中央的要求是，“必须具有一定的条件，如产供销正常、成批生产、便于定额计算等。那些认为计件工资制推广得越多越好，

---

① 杨凤梧，等.从一个市的情况看计件工资制［J］.劳动，1958（6）.

② 中共第一机械工会上海市委员会关于工会配合推广计件工资经验的报告［Z］.1956年，C13-2-263-21，上海市档案馆藏.

③ 中共上海市委工业部关于计件工资、企业奖励制度的意见及对柴油机厂改革计件工资制的经过情况调查报告［Z］.1958年7月，A36-2-200，上海市档案馆藏.

而忽视必要条件的思想和做法都是错误的”[①]。然而在实际操作中，许多企业管理者迫于指标要求，忽视这些先决条件，运动式地下达指标和任务动员，将不应该实行计件的也实行了，使得计件面急速扩大，如上海船厂第一船体车间于一夜之间对全部310名职工改行计件工资制[②]。

计件面的高速扩张造成定额标准的盲目与缺失，短时间内无法对这些新增加的岗位确定定额，只能采取经验统计定额或估工定额的办法，这样算出来的定额标准与实际情况存在明显的出入。同时，企业管理人员又普遍认为计件制推广得越多越好，担心工人收入减少想不通，思想工作难做，定额修改要“减少工人的实际收入，影响工人的积极性”，“定额放下去第一个月，就要保证所有工人都能达到定额，拿到基本工资”，提出“工人多拿工资是保护工人阶级利益”[③]，又担心生产任务吃重，一旦影响了计件，恐怕产量要下降、任务完不成。因此在修改定额时，往往为计件工人保留10%到20%的超额余头[④]，或者在分配工作任务时，尽量把量大的、超额的活给计件工人做，而把量小的、难超额的、零星的活让计时工人做，使得计件工人有了较大的涨薪空间。

从具体的数据来看，笔者曾发现一份1953年上海某橡胶厂300余名工人的工资单，显示165名计时工人月收入272347元，209名计件工人月收入310852元，计件工人月收入大致比计时工人高出14%。考虑到计件工人的工作强度远高于计时工人，这样的收入差距并不算大。按照国家统计局1959年8月对上海、沈阳、武汉、兰州等市27个企业的统计，从二级到八级，计

① 中华全国总工会.建国以来中共中央关于工人运动文件选编：1949年10月—1988年8月［G］.北京：工人出版社，1989：623.

② 关于中央各部门所属在沪重工业工厂实行奖励制度及推行计件工资中存在问题的报告［Z］.1957年，A36-2-131-27，上海市档案馆藏.

③ 中共上海市委工业部关于计件工资、企业奖励制度的意见及对柴油机厂改革计件工资制的经过情况调查报告［Z］.1958年7月，A36-2-200，上海市档案馆藏.

④ 关于中央各部门所属在沪重工业工厂实行奖励制度及推行计件工资中存在问题的报告［Z］.1957年2月，A36-2-131-27，上海市档案馆藏.

件工人收入比同级计时工人分别高出 41.7%、44%、37.4%、39.1%、28.2%、23.7%、22%。如果按照工种划分，电焊工、搬运工的计件收入甚至超过计时收入的 80% 以上，机工、铸工、钳工、木工、油漆工等也都超过了 30%[①]。如上海柴油机厂锻工车间计件工人工资平均超过基本工资 78% 以上，上海机床厂计件工人一般可超额 30% 至 40%，有些工人每月计件工资可超过基本工资 1 倍以上，由此出现计件工人月收入普遍超出同级别计时工人 30% 以上的状况[②]。

此外，随着工业化的推行，以手工和体力劳动为主的操作实现了（半）机械化和（半）自动化，工人的劳动强度大为减轻，生产效率成倍提高，原有的定额标准又无法跟上，致使计件工人工资收入猛增。在机械化程度较高的重工业，计件工人相比计时工人的工资差更大。由于在重工业中通用设备较多，技术装备还不够先进，技术革新潜力较大；当技术稍有革新时，定额变动就会很大，而产品结构及操作方式也比较复杂，因而在定额的制定和修改方面，不仅需要的工作量大，错误率也较高。相反，一般在轻纺工业中，产品的花色品种虽较多，但产品的结构和规格相差不大，而设备大都是专用的，有些操作还是半机械化和手动的，因而在操作方式不改变的条件下，定额的制定容易准确，定额的变动也不大，而品种和工序间的定额容易平衡，超额的幅度极小。譬如，在轻纺工业中，计件工人平均工资约为计时工人的 1.1 倍，而机电工业的这一比例则达到 1.3 倍[③]。

在计件工资制的“强激励”下，计件工人的工作劲头十足，与其他工人及管理人员产生重重矛盾。计件工人收入畸高，使得工人群体内部产生了严

① 中国社会科学院、中央档案馆 .1958—1965 中华人民共和国经济档案资料选编·劳动就业和收入分配卷［G］. 北京：中国财政经济出版社，2011：420.

② 关于中央各部门所属在沪重工业工厂实行奖励制度及推行计件工资中存在问题的报告［Z］.1957 年 2 月，A36-2-131-27，上海市档案馆藏 .

③ 中共上海市委工业部关于计件工资、企业奖励制度的意见及对柴油机厂改革计件工资制的经过情况调查报告［Z］.1958 年，A36-2-200，上海市档案馆藏 .

重的对立情绪。在工厂内，计件工人与计时工人互不配合、相互拆台的现象比比皆是。如北京钢铁厂实施计件制的过程中，规定翻砂造型和浇注工是计件工，配砂工和熔铁工是计时工，但计件工多干可以多得，计时工多干只是“义务劳动”。因此计时工意见很大，他们表示，“同工同劳他们高，相差太大不合理。件工月工有矛盾，要求领导早解决”①。由于计时工人对计件抵触，影响协作精神，常常影响整个机械零件的按期配套，影响产品的按期出厂②。一旦计件工人做出的活找计时工人加工，常被计时工人拒绝，认为是“替计件工人擦屁股”。又如，在机械工业中，计件工人为了多超额、多拿钱而不顾机床负荷，不顾产品质量，片面追求产品数量。而计时工人不服气，有些工人因此消极怠工，满腹牢骚，工人们抱怨“计件是好命，计时是苦命”，在实际工作中出现“计件打冲锋，计时磨洋工”的现象③。

同时，计件工人与辅助工之间也出现了对立情况。计件工人加班加点地进行赶工，导致原材料供给不足。1957 年 3 月，根据北京 31 个工厂的统计，计件面比 1956 年底下降了 9.25%，以木材厂和机器制造厂的情况最为严重，因原料供应问题，部分企业只能将计件工资制改为计时工资制④。1958 年初，企业中的计件工资制所占的比重从 42% 下降到 36.5%，其原因是企业调整了生产，由于原材料供应不足停工增加，管理水平跟不上⑤。“当辅助工人不能迅速提供一些服务时，超额的压力常常导致生产工人和辅助工人之间产生冲突”⑥，“计件工人加紧干，辅助工人慢吞吞”，工人之间的横向冲突逐渐激烈，

---

① 上海市日用五金公司基层厂 1958 年计件工资改计时工资的资料［Z］.1958 年 9 月，B-196-2-74，上海市档案馆藏 .

② 初学 . 关于计件工资问题的探讨——武汉机床厂工资制度的破立［J］. 财经研究，1958（6）.

③ 杨正忠、张元奎 . 关于机械工业中推行计件工资的几个问题［J］. 经济问题，1958（4）.

④ 中国社会科学院、中央档案馆 .1953—1957 中华人民共和国经济档案资料选编・劳动工资和职业保险福利卷［G］. 北京：中国物价出版社，1998：650-651.

⑤ 李岳 . 关于计件工资问题的一些看法［C］. 中国科学院上海经济研究所、上海社会科学院经济研究所编 . 关于计件工资问题——1959 年 4 月讨论会论文、资料汇编［G］. 北京：科学出版社，1960：70.

⑥ 布若威 . 制造同意——垄断资本主义劳动过程的变迁［M］. 北京：商务印书馆，2008：79.

“相互关系搞不好”[①]。

而在任务分配过程中，计件工人又常常与工段长、小组长关系紧张。根据上海市委工业生产委员会的相关调查，在计件工资制推行后，许多工厂出现了非常严重的“五抢五不做”现象：“五抢”指工人抢容易超额的活、抢大件成批的活、抢好机床、抢好工具、抢好原料；“五不做”指定额紧的活不做、零星工作不做、返修活不做、收尾工作不做、夜班不做[②]。对于计件工人来说，赶产量是首要任务，经常埋怨定额太紧、劳动组织不合理，为了挑工种、争工资，组织起来闹事[③]。定额员承担了许多麻烦事却没有相应的回报，成为“车间中最遭工人反感的人……不管多受欢迎的人，只要是定额员，立刻就成了工人的敌人”[④]，成了“上压、下挤，两面受夹的豆饼干部”[⑤]。江南造船厂机械车间有个定额员曾接连打几次报告要求“下放”做计件工，表示“留厂工作安心，做定额员不能安心”[⑥]。在上海华通开关厂80个工段长中，因为派活难派，有三分之一的工段长口头或书面提出辞职，还有的工段长称“取消计件，是对工段长最大的解放”[⑦]。

此外，计件工人和计时工人的分化局面还演变成新老工人、高技术等级与低技术等级工人之间的分化。工资给付形式、年龄资历与技术等级这几项维度恰好重叠在一起，加剧了工人内部的冲突。高技术等级工人往往被派去从事较为复杂的生产工序，还需要承担各种无法以“件”计酬的工作，例如

---

① 陈雁、马军．旧稿拾遗——上海工厂史料两种［M］．上海：线装书局，2019：300.

② 中共上海市委工业生产委员会关于上海市计件工资制的情况材料［Z］.1961年，A38-2-603-47，上海市档案馆藏．

③ 向共产主义迈进一步——阳泉国营煤矿调整职工宿舍加强党的政治思想领导的经验［N］．人民日报，1958年10月22日．

④ 贾文娟．选择性放任：车间政治与国有企业劳动治理逻辑的形成［M］．北京：中国社会科学出版社，2016：70.

⑤ 陈明春．定额员如何处理工作中的矛盾［J］．劳动，1958（17）．

⑥ 中共上海市委工业部关于计件工资、企业奖励制度的意见及对柴油机厂改革计件工资制的经过情况调查报告［Z］.1958年，A36-2-200，上海市档案馆藏．

⑦ 中国社会科学院、中央档案馆.1958—1965中华人民共和国经济档案资料选编·劳动就业和收入分配卷［G］．北京：中国财政经济出版社，2011：413.

试制新产品、指导低技术工人、编写和修改技术手册、解决生产过程中遇到的疑难技术问题等，而低技术等级的工人往往只需要专做某道简单工序，重复劳动会提高其生产熟练度，从而在更多的时间内完成定额，并获得更多的超额计件工资[①]。对上海机电行业企业的调查发现，当时三级以下低级工人通常都做高级活，工资较高；而四级或以上工人，特别是高级工人和老工人，大都做的是低级活，还常常因为要兼顾其他工作而完不成定额。他们为此对低等级工人有许多情绪，“出道是我早，运道是你好。生活是我教，工钿是你高”[②]。当时有大字报这样描述：“工资等级虽然低，收入每年也不少；学习技术都忘掉，升级二字无紧要。”[③]

根据中共上海市委工业部1958年的报告，当时技术革新越普遍的厂，计件工资制就越难维持。在轻纺工业中，由于新品种更换频繁，需要许多有技术能力的工人参与设计并试验新产品、研究如何加快车床速度，而在计件工资制下，越来越少的工人愿意从事这类工作。计件工资制的全面铺开，导致技术革新和技术交流受到限制，技术工人的养成受到阻碍。一方面，低级工人可以不用全面提高技术水平或升至高级工，而通过熟练掌握某一道工序完成较多的产量来获得较高报酬，因此花费时间“升级”就显得很不划算[④]；另一方面，高级工人也不愿意承担训练帮教学徒的工作，这类工作不但可能影响师傅赶工拿超额工资，而且还可能让徒弟的工资很快超过师傅[⑤]。计件工资制对于技术交流也有负面影响，它不可避免地激励工人自动限制产出。即便工人可以在生产流程和机器操做上作一些技术改进以实现超额生产，工人也不愿意这么做。因为一旦提了合理化建议，生产定额就要马上修改，每天需

---

① 朱文斌，等．上海柴油机厂为什么在生产大跃进中取消了计件工资［J］．财经研究，1958（7）．

② 中共上海市委工业部关于计件工资、企业奖励制度的意见及对柴油机厂改革计件工资制的经过情况调查报告［Z］.1958年，A36-2-200，上海市档案馆藏．

③ 陈雁、马军．旧稿拾遗——上海工厂史料两种［M］．上海：线装书局，2019：300.

④ 初学．关于计件工资问题的探讨——武汉机床厂工资制度的破立［J］．财经研究，1958（6）．

⑤ 杨正忠、张元奎．关于机械工业中推行计件工资的几个问题［J］．经济问题，1958（4）．

要完成更多的产量定额，工作任务更重，收入却不见得更高[①]。

（二）抨击计件工资制及其“叫停”

利用“大跃进”时期掀起的“鸣放运动”的机会，不少企业的计时工人表达出对计件工资制的强烈不满，根据中共上海市委劳动工资委员会的相关报告，1958 年 10 月份上海港务、铁路、商业系统的职工所写的大字报中，七成以上的内容与取消计件工资制有关[②]。武汉机床厂计时工人贴出了 260 张大字报，抨击计件工资制“坏的作用比好的多，促进了个人主义的发展”[③]。上海工具厂第三产品车间 110 张大字报中，则有 96 张大字报拥护取消计件工资制。一些计时工人在大字报中提出责问：生产“大跃进”中，大家一样紧张劳动，为什么他们工资这样高，还有 7% 的计件津贴？计件工资制是否合理，是否影响团结？

计时工人对计件工资制的抨击，可以视作“相对剥夺感”（relative deprivation）的心理所致。计时工人认为，在控制工种、岗位、技术等级、年龄等变量的情况下，同等的劳动投入应该获得相近的经济回报。计件工人在定额管理和计件津贴等因素的推动下，拿到了远超实际级别的高收入，使计时工人产生强烈的受剥夺感；即使计时工人的收入也有提高，但增加的程度低于计件工人，故无法摆脱相对剥夺感所带来的愤怒、怨恨或不满情绪。科尔奈将计件工人收入激增的现象称为“工资跳跃”，即某一群体的工资提高，所带来的一个后果是其他群体的“相对低位”，他表示，“跳跃太大将产生新的紧张”[④]。

有关计件工资制的争论，在 1958 年 8 月之前尚处于基层管理的范畴，

---

① 刘成瑞，等．论工业企业中计件工资制的矛盾［J］．教学与研究，1958（9）．

② 中共上海市委劳动工资委员会同意港务、铁路、第二商业局关于取消计件工资制和拆贴工资制的请示报告的批复［Z］.1959 年，A11–2–34，上海市档案馆藏．

③ 吕鸿志、胡守权．我们取消了计件工资［N］．人民日报，1958 年 10 月 18 日．

④ 科尔奈．短缺经济学（下）［M］．北京：经济科学出版社，1986：111.

1958年8月，毛泽东在北戴河会议上重提马克思在《哥达纲领批判》一文中提到的“资产阶级法权”概念，认为工资制的实施使得干群之间出现不平等，一部分人有堕落到官特权阶层的可能，搞工资制就是向资产阶级让步，要考虑取消薪水制，恢复供给制。他还举工人“敲锣打鼓不要计件工资制”的例子，认为“这些都是共产主义的萌芽”①。

中央领导的观点一经提出，地方媒体很快做出反应。1958年9月20日，《解放日报》报道了江南造船厂工人取消计件工资制的消息，并配以《共产主义光芒》的社论进行赞扬。与此同时，上海市委宣传部长张春桥在上海市委主办的刊物《解放》上发表《破除资产阶级的法权思想》一文，批评计件工资制“刺激起了争名于朝、争利于市的积极性”，只要用“高工资”刺激，“什么社会主义、共产主义都能够立刻买到手”②。此后，各种大字报将计件制与资产阶级法权挂钩，抨击这一制度“不是按照需要而是需要按照劳动，以商品等价交换原则来分配生活资料的，所以造成生活资料分配方面的一定程度的不平等，这种不平等在社会主义制度下是不可避免的。计件工资制加深了这种不平等……束缚工人积极性的发挥”③。

在“计件工资制不是个好制度”④的最高指示下，各地纷纷“叫停”计件工资制的实行。截至1958年底，全国全民所有制工业、基础建设、交通运输企业取消计件工资制的有230万人，计件工人占生产工人的比重由40%降至14.1%⑤。根据北京、天津、上海等18个城市的统计，取消计件工资制的工人占原有计件工人总数的79%，其中济南、呼和浩特全部取消，北京、天津、上海、沈阳、西安、南京、郑州、南昌等城市计件工人的取消面在80%以上，

---

① 中央文献研究室．毛泽东年谱（1949—1976）第3卷［M］．北京：中央文献出版社，2013：417.

② 高远戎．“大跃进”期间的资产阶级法权讨论及影响——试析毛泽东对社会主义社会的一些构想［J］．中共党史研究，2006（3）.

③ 刘成瑞，等．论工业企业中计件工资制的矛盾［J］．教学与研究，1958（9）.

④ 高远戎．“大跃进”期间的资产阶级法权讨论及影响——试析毛泽东对社会主义社会的一些构想［J］．中共党史研究，2006（3）.

⑤ 严忠勤．当代中国的职工工资福利和社会保险［M］．北京：社会科学文献出版社，1987：77.

其他城市也大多在五六成左右[①]，北京的工业部门实行计件的工人从7万多人减少到9100人。到1958年底，上海全市28万计件工人中有16万多人的计件工资制已经取消，8万多人的计件工资已经被冻结，还有2万多人的计件工资制已经讨论取消，尚未批准。1959年，广州由计件工资制改为计时工资制的工人约有5万人，其中工业8500人，而在1956年，这两个数字分别是9万余人和32000人。1960年5月，中共中央批转了《铁道部、交通部、煤炭部关于改革计件工资的报告》，提出计件工资的形式不能适应连续跃进的要求，特别是不能适应技术革新和技术革命新形势的需要，应当取消。此时计件面只剩下不到5%[②]，距离第二次工资改革扩大计件面的设想，只过去了四年的时间。

三、激励困境：取消计件工资制之后的问题

工人的分化矛盾和领导人的批评使得计件工资制在1958年底成为众矢之的，随即被全面叫停。之后，中央设计的替代方案是推行“计时＋奖励”的工资制度，同时，广泛开展政治宣传和思想教育，对工人进行精神激励。这一制度按照工人的劳动时间和工资等级支付劳动报酬，根据工人的生产绩效发放相应的奖励。在新工资制度的最初设计中，有关方面仍然希望延续之前物质激励的效果，通过对奖励等级、评奖资格和获奖比例的规定，扩大工人的收入差距，通过物质上的“强激励”来推动生产。但在实际过程中，“人人有奖”的策略造成了新的不公平即多劳无法多得的局面，使得激励达不到效果，生产效率大为下降。

① 中国社会科学院、中央档案馆.1958—1965中华人民共和国经济档案资料选编·劳动就业和收入分配卷［G］.北京：中国财政经济出版社，2011：416.

② 李唯一.中国工资制度［M］.北京：中国劳动出版社，1991：233-234.

（一）“人人有奖”与“多劳无法多得”

“计时 + 奖励”的工资制度最初的设计是，工人中有 50% 左右获得奖励，“奖励面既不宜过广，过广则失去刺激作用；亦不宜过狭，过狭会引起少数先进工人在群众中的孤立，产生内部矛盾，我们认为最好能在 50% 左右”[①]。而在推行一段时间之后，劳动部又表示奖励面可适当达到 60% 至 70%，这样“有利于多数职工树立信心，鼓足干劲，力争上游，搞好生产，争取得奖。奖励面小了，就可能影响职工争取得奖的信心和积极性，从而也就不能更好地发挥奖励对于搞好生产的积极作用”，但要防止“人人有奖”[②]。

但在实际操作中，获得奖金的工人一般能够占到总数的 90%，部分工厂甚至达到 95% 以上[③]。例如，根据上海电机厂 1960 年的统计，在 3841 名工人中，未获得奖励的只有 78 人；刚刚毕业的 208 名技校学生中，仅有 1 人未能获奖。没有拿到奖金的职工，一般是指进厂不满半年、脱产学习、请假超过三个月的人员，或是那些劳动纪律差、工作失职、品质恶劣、受过行政处分的人以及“地富反坏右”等五类分子，除此以外“都能得奖”。上钢一厂、中华造船厂、国棉十厂 559 个工人中，未能得奖的只有 7 人。而在得三等奖的 148 人中，有 51 人没有完成生产任务却仍能拿奖，有职工评价“计时 + 奖励”工资制度为“只要不犯严重错误，总归有份”[④]。一些管理人员也表示，评奖标准是“先进工作者发一等奖，一般职工发二等奖，有严重缺点和错误的发三

---

① 孙怀仁，等 . 试论上海工业中的计件工资制［C］. 中国科学院上海经济研究所、上海社会科学院经济研究所编 . 关于计件工资问题——1959 年 4 月讨论会论文、资料汇编［G］. 北京：科学出版社，1960：117.

② 中国社会科学院、中央档案馆 .1958—1965 中华人民共和国经济档案资料选编 · 劳动就业和收入分配卷［G］. 北京：中国财政经济出版社，2011：429–430.

③ 劳动部、上海市劳动工资委员会关于改进企业奖励制度和计件工资问题的通知及上海市劳动有关问题的报告［Z］.1961 年 6 月，B127–1–1044，上海市档案馆藏 .

④ 中共上海市委工业部和国家计委、一机部工作组对工厂工资奖励情况的调查报告［Z］.1961 年 4—8 月，A36–2–464，上海市档案馆藏 .

等奖”[①]。

此外，尽管“计时 + 奖励”工资制度的奖励面有所扩大，但计件工人转为计时工人之后，收入还是出现明显降低的状况。据统计，由于取消计件工资制和超额工资，全国近 200 万计件工人的工资水平普遍下降 10%~20%，少数工人甚至减少近 30%，其中，重工业企业工人的收入下降幅度一般比轻工业、纺织业要多。以上海的情况为例，在对 16 家重工业企业 1300 名计件工进行调查之后，发现取消计件制前一个月平均工资为 96.37 元，取消之后平均工资为 73.19 元，月收入降低了 20% 以上[②]。这还是建立在原计件工人每月有 5~10 元“跃进奖”的背景下，否则下降幅度更是惊人[③]。上海柴油机厂 522 名计件工改行计时工资制后，只有 42 人工资收入大体不变或略有提升，而有 480 名工人收入下降，若将计件工资制全面实施的 1957 年 9 月与取消计件工资制的 1961 年 4 月进行对比，发现这些工人在技术等级上略有提升（从 3.96 级到 4.25 级）、基本工资从 66.52 元提高到 69.85 元的情况下，月收入却从 95.48 元下降至 77.20 元，下降幅度达到 19.14%。又根据对生产半导体的上海一零一厂 2087 名计件工人所进行的调查显示，收入增加者 335 人、维持原有水平者（工资降低不超过一元）499 人、收入减少者 1253 人，平均收入下降 8.66%，部分“生产快手”收入下降超过 50%[④]。其他地区的情况也大体相似，北京第一机床厂、太原矿山机械厂等重工业企业，工人收入普遍下降 30% 以上，而像天津制鞋厂、北京国棉一厂、青岛国棉六厂等企业，下降幅度则在 12% 左右[⑤]。

---

① 中共上海市委劳动工资委员会 . 劳动工资情况［Z］.1959（6），A11-2-74，上海市档案馆藏 .

② 中共上海市委劳动工资委员会 . 劳动工资情况［Z］.1959（3），A11-2-74，上海市档案馆藏 .

③ 上海市化学工业局 1959 年综合跃进奖水平平衡表和统计表及计件工资演变情况统计表［Z］.1959 年 12 月，B76-3-391，上海市档案馆藏 .

④ 国营上海一零一厂关于原计件工人取消计件工资前后的工资水平变化情况的调查分析报告［Z］.1959 年 7 月，B202-2-36-48，上海市档案馆藏 .

⑤ 中国社会科学院、中央档案馆 .1958—1965 中华人民共和国经济档案资料选编・劳动就业和收入分配卷［G］. 北京：中国财政经济出版社，2011：414-420.

"人人有奖"的平均主义发放原则和（原）计件工人收入下降情况的产生使得激励效果明显下降，设计中的"强激励"变为实际的"弱激励"，多数企业出现了"劳动纪律松弛，工效下降"①的现象。在1958年底召开的中共中央政治局会议上，与会者提到"取消计件工资制，老工人受影响，出勤率降低"②。一些上海企业反映，实行计件工资制时，工人平均每月请假0.17天；工资制度调整之后，每月请假上升至0.53天，整整提升了三倍，由于病假缺勤，造成了劳动力不足的局面③。而冶金、机械、电业局出勤率降低更明显，平均每月下降8‰到20‰，"这些厂1958年出勤率最高，这两年来逐渐下降，尤以病假增加较多"④。上海华通开关厂为了鼓励工人按时上班，专门制定了考勤奖，但工人的态度仍然消极，"不拿到也无所谓。你们积极，也只多拿一点"⑤。

即使按时上班，工人也体现出对工作缺少热情，"喝水多、上厕所多、聊天多、上医院多、准备下班快"的"四多一快"现象普遍发生⑥。一些管理人员表示，"过去中午休息时间，工人很少玩的，总是动动脑筋、修修机器，现在一到休息时间，男工打牌，女工弄小孩"⑦；"不少工人提前半小时就做好洗手、换衣服等下班的准备工作，拿了包在车间门口等红灯一亮立即就走，接班工人则拖拖拉拉，红灯亮了还没有上班，因此在交接班时，经常发现有脱节现象。有的工人边上班边睡觉，女工哺乳时间从规定的20分钟增加到

---

① 严忠勤.当代中国的职工工资福利和社会保险［M］.北京：社会科学文献出版社，1987：77.

② 徐建青、董志凯、赵学军.薛暮桥笔记选编（第2册）［M］.北京：社会文献出版社，2017：518.

③ 国营上海第十二棉纺织厂关于计件工资制的情况和意见（讨论稿）［Z］.1961年9月，G28-2-156-127，上海市档案馆藏.

④ 中共上海市委劳动工资委员会.劳动工资情况［Z］.1960（36），A11-2-80，上海市档案馆藏.

⑤ 中共上海市委工业部和国家计委、一机部工作组对工厂工资奖励情况的调查报告［Z］.1961年4—8月，A36-2-464，上海市档案馆藏.

⑥ 中国社会科学院、中央档案馆.1958—1965中华人民共和国经济档案资料选编·劳动就业和收入分配卷［G］.北京：中国财政经济出版社，2011：422-423.

⑦ 中共上海市委工业部和国家计委、一机部工作组对工厂工资奖励情况的调查报告［Z］.1961年4—8月，A36-2-464，上海市档案馆藏.

30~35 分钟”[①]。“做多做少，工资反正一样”，工人多数不愿多做工，“现在主动要求扩大生产的一人也没有”[②]。

由计件工资制转为“计时 + 奖励”工资制，即从物质的“强激励”转为“弱激励”之后，工人的生产积极性受到影响，进而造成劳动生产率的下降。根据一些学者的统计，相较于“一五”期间与经济调整时期工业企业劳动生产率约 7% 的增长幅度，“大跃进”时期反而出现了 2% 以上的降幅，尤其是在 1960 年和 1961 年，劳动生产率的下降程度有些超过了 20%，“下降周期和降幅均为建国多年以来所仅见”[③]。对于劳动生产率下降的原因，一些文件分析称“取消计件工资制是影响生产、影响劳动生产率的一个因素”，认为没有物质上的激励，无法长时间支撑工人的劳动热情[④]。另有报告指出:“计件工资制取消以后，工人基本工资长期固定不变，工资不能充分体现工人技术熟练程度的差别，对于做多做少、做轻做重都拿固定工资的现状，就出现了高工资、低看台、少生产和低工资、高看台、多生产等不合理的现象，影响了工人生产积极性的进一步发挥，导致了有些工人不愿扩大看台、担任比较繁重的劳动，甚至有些工人还要求降低看台、调做轻便工作等。”[⑤]

具体来看，在计件工资制取消之后，虽然有部分工厂的劳动生产率并未受到太大影响，但这些工厂多数是机器制造业，而在煤矿、搬运装卸、卷烟厂、火柴厂、被服厂和建筑单位等以手工操作为主的企业，生产效率则大为下降。如上海第十二棉纺织厂调整工资制度之后，对 256 个工人进行调查，产量上升的工人 30 名，产量保持的 71 名，多为机械操作岗位。产量下降的

① 国营上海第十二棉纺织厂关于计件工资制的情况和意见（讨论稿）[Z].1961 年 9 月，G28-2-156-127，上海市档案馆藏.

② 国营上海第十二棉纺织厂关于取消计件工资后的基本情况的初步报告 [Z].1961 年 7 月，G28-2-156-41，上海市档案馆藏.

③ 国家统计局.中国统计年鉴（1984）[M].北京：中国统计出版社，1984：270.

④ 中国社会科学院、中央档案馆.1958—1965 中华人民共和国经济档案资料选编 · 劳动就业和收入分配卷 [G].北京：中国财政经济出版社，2011：423-424.

⑤ 上海市纺织工业局关于推行半计件工资制的报告和总结 [Z].1963 年 4 月—1964 年 4 月，B134-2-195，上海市档案馆藏.“看台”是指专门检测纺织品性能的仪器.

则有155人，基本为手工操作岗位。手工操作比重较大的穿扣部门，62名工人的生产率全部下降，多数下降幅度超过15%；布机、细纱挡车部门的20余名工人，下降幅度更达40%[①]。其他地区的企业也出现了类似情况，如北京火柴厂1958年11月取消了计件工资制，12月生产就下降了7%以上；武汉的多家工厂劳动生产率普遍下滑10%，手套制作工人计件时日产60双，改为计时之后日产不到50双。有的企业的劳动生产率虽然一度上升，但也很快出现下降趋势，呈现出倒“V”字形的走向[②]。

（二）企业管理人员的焦虑与恢复物质激励的呼声

对于取消计件工资制导致的生产率下降状况，不少企业管理人员表示出极大的忧虑。1961年8月，上海柴油机厂召开柴油机、油泵、毛坯等车间的主任、工长座谈会。七成以上的管理人员呼吁恢复计件工资制，他们提出，“计件工资制虽有缺点，但制度本身没有问题，主要是我们过去工作上的毛病，现在恢复计件工资制，只要加上政治挂帅就好了”[③]。有些车间主任表示：“实行计件工资制，生产效率至少可以比现在提高20%~30%。再不尽快搞，工人继续出工不出力，每天来单位打牌聊天，每个月的生产任务怎么完成啊。”还有一些工长发言：“毛主席一直教导我们建设国家，现在看着机器空转、工人迟到早退，我心里过意不去啊。”[④]

企业管理人员还总结了计件工资制对企业七个方面的好处：

1. 提高生产：实行计件工资制时，工人遵守劳动纪律，抓紧生产时间，

---

① 国营上海第十二棉纺织厂关于计件工资制的情况和意见（讨论稿）［Z］.1961年9月，G28-2-156-127，上海市档案馆藏.

② 中国社会科学院、中央档案馆.1958—1965中华人民共和国经济档案资料选编·劳动就业和收入分配卷［G］.北京：中国财政经济出版社，2011：419.

③ 关于上海柴油机厂计件工资制情况的调查报告［Z］.1961年8月，A36-2-464-52，上海市档案馆藏.

④ 中共上海市委工业工作部关于工业系统讨论试行工业七十条简报［Z］.1961年10月，A36-2-543，上海市档案馆藏.

进而主动要求加班；取消计件工资制后，迟到率提高、生产积极性下降，很少有工人愿意加班。

2. 保证质量：实行计件工资制时，如果出现产品质量不合格的情况，检验员不会盖验收章，这样直接影响工人收入，因此工人很重视质量问题；取消计件工资制后，产品质量与工人收入无关，一旦出了质量问题，由生产组长和检验员打交道，工人则置身事外。

3. 维护工具：实行计件工资制时，工具的维护和保管做得很好，用完之后立即放回工具箱，下次需要时马上可用；取消计件工资制后，工具乱放，要用的时候往往找不到。

4. 节约原材料：实行计件工资制时，原材料和零件加工有赔偿制度，很少出现零件丢失的现象；取消计件工资制后，零件使用和工人收入没有关系，车间内外到处可见废品和零件。

5. 钻研技术：实行计件工资制时，工人为了提高生产效率，苦练技术，学看图纸，出了废品自己分析原因；取消计件工资制后，工人普遍不愿学技术，参加技术培训的人数减少。

6. 有利于企业管理：实行计件工资制时，计划管理“拿得稳、落得实”，总是可以超额，制品管理也是点得一清二楚；取消计件工资制后，即使任用专门的管理人员，也经常出现账簿丢失、核算不清的情况。

7. 迫使领导转变作风：实行计件工资制时，干部深入一线指挥生产，帮助工人解决具体生产问题，干群关系紧密；取消计件工资制后，即使是生产组长，每天都只有不到一半的工作时间搞生产，其他时间都在开会[①]。

阅读其他工厂管理人员的座谈记录，同样得到了相似的反馈，如在华通开关厂所组织的讨论会上，25 个干部中有 18 人认为计件工资制“大有好处”，表示“现在只有政治挂帅，没有物质奖励，只有一条腿走路，不是二条腿走

① 关于上海柴油机厂计件工资制情况的调查报告［Z］.1961 年 8 月，A36-2-464-52，上海市档案馆藏.

路。工人积极性调动不起来”。如一些车间主任称：“现在工人做多做少，做好做坏，大家都是一样，没有物质奖励，积极性调动不起来，先进的不愿更先进，落后的也无所谓。”生产组长说：“工人觉悟还没这么高，有些人口头讲荣誉奖，实际心里想钞票”，“开头搞劳动竞赛，对提前完成任务的工人敲锣打鼓报喜，大家热烈鼓掌贺喜。现在锣鼓敲多了，听起来反而厌烦”[①]。

部分企业管理人员直接对“计时＋奖励”的工资制度提出批评，认为这种制度“没有根据生产特点和生产要求把奖励条件具体化，奖励面宽了一些，少数不应该得奖的职工也得了奖。奖励金额差别不够，企业内部先进单位和一般单位、主要工种和一般工种的奖金标准区别较小，级差有的也偏小”[②]。“只有实行计件工资制，才能保证任务的完成”，通过对工人进行物质激励，促使其提高生产效率，类似的认识在管理人员中普遍存在[③]。

除了基层管理人员之外，企业高层也主张恢复计件工资制。如上海市政协委员、原荣丰纱厂总经理韩荣明在一份政协提案中提出，应当“把凡是适宜计件的工种恢复计件，这样对于提高劳动生产率、降低工资总额、增加个人收入、减少劳动定员、压缩城市人口都有好处”[④]。另有一些企业经理表示：“应当既加强共产主义思想教育，又要承认差别，贯彻多劳多得的分配原则，只有这样才有利于鼓励先进，带动落后，否则就会出现平均主义的倾向。”[⑤]

---

① 中共上海市委工业部和国家计委、一机部工作组对工厂工资奖励情况的调查报告［Z］.1961年4—8月，A36-2-464，上海市档案馆藏.

② 劳动部、上海市劳动工资委员会关于改进企业奖励制度和计件工资问题的通知及上海市劳动有关问题的报告［Z］.1961年6月，B127-1-1044，上海市档案馆藏；关于上海市计件奖励制度变化的一些情况［Z］.1963年10月28日，B127-1-193-77，上海市档案馆藏；关于上海柴油机厂计件工资制情况的调查报告［Z］.1961年8月，A36-2-464-52，上海市档案馆藏.

③ 范家骧、王儁彦.关于庆华工具厂取消个人计件工资制实行集体双跃进竞赛奖励的调查报告［J］.北京大学学报，1958（4）.

④ 上海市政协三届一次会议第97号提案.请研究在工厂中试行新的计件工资制，以提高劳动生产率［Z］.1962年，B127-2-120-3，上海市档案馆藏.

⑤ 关于上海柴油机厂计件工资制情况的调查报告［Z］.1961年8月，A36-2-464-52，上海市档案馆藏.

（三）工人的心态：期待与担忧

而对于普通工人而言，他们对于计件工资制的态度显得十分复杂。1961年8月，国家计委、第一机械工业部会同中共上海市委工业部在上海柴油机厂油泵车间进行工人座谈会，只有不到三成的工人希望恢复计件工资制。反对计件工资制的意见是：（1）计件工资制对于生产活动中的个人主义起到了鼓励作用，不利于工人阶级的内部团结。（2）计件工资制会使工人的收入增加，而且由于定额水平落后，增加的幅度很难得到控制，对于国家集中财力、物力进行工业再生产会产生负面影响。（3）影响工农联盟①。而在其他企业进行的座谈中也出现类似现象：多数参加座谈的工人不主张恢复计件工资制，仅有少部分工人表达对计件工资制的认可②。这些意见可以视为宏大的政治话语“对于工人政治行为的渗透”，工人普遍学会“如何去规避政治责难，如何去争取政治奖励，对自己行为的政治后果也能够做出预判”③。

分析工人的态度，原计时工人自然不会是计件工资制的支持者，而原计件工人对于“大跃进”之前实行的计件工资制也有着各种反对意见。由于定额管理水平不高，企业所采取的经验统计定额或估工定额方法算出来的定额标准往往与实际情况存在明显的出入④，且由于生产任务的压力，使得企业制定计件单价和计件率时往往“随心所欲”，出现“定额过高”与“定额过低”两种倾向。

---

① 关于上海柴油机厂计件工资制情况的调查报告［Z］.1961年8月，A36-2-464-52，上海市档案馆藏.

② 中共上海市委工业工作部关于科室小厂党支部工作、工业七十条试验情况、形势教育和反映备战、清仓等工作会议记录［Z］.1962年2—12月，A36-2-570，上海市档案馆藏；中共上海市委工业部和国家计委、一机部工作组对工厂工资奖励情况的调查报告［Z］.1961年4—8月，A36-2-464，上海市档案馆藏；国营上海第十二棉纺织厂关于取消计件工资后的基本情况的初步报告［Z］.1961年7月，G28-2-156-41，上海市档案馆藏.

③ 丁云亮.阶级话语的叙述与表象——1950年代上海工人之文化经验［M］.安徽师范大学出版社，2010：254-255.

④ 杨凤梧，等.从一个市的情况看计件工资制［J］.劳动，1958（6）.

一些企业管理人员制定较高的定额，试图达到“强刺激”的效果，迫使工人增加劳动时间、提升工作效率，以此提高产量。对计件工人来说，只有超额生产才能获得基本工资，稍有松懈即会收入下降，因此“对计件工资制不是欢迎，而是恐惧”，声称“计件不如计时好”，认为推行计件工资制之后，就“要收骨头了”[①]。如 1956 年，上海钢铁公司劳动工资处要求下属企业三个月一改定额，每次修改，定额都比之前提高 20% 以上，工人只能用加强劳动强度、延长工时的办法追求定额，体力劳动十分繁重。多数计件工人反映，每天工作精疲力竭，手举不过肩，近九成的工人有腰酸背痛等职业病，请病假者经常占 20% 以上[②]。“大跃进”初期工人病例数量增多，除了不遵守劳动纪律之外，部分原因也是由于劳动强度增大所致。还有一些企业制定的定额水平太高，生产能手也只能完成定额的 70%，多数工人长期拿不到基本工资，情绪低落，要求调动工作，或改计件为计时[③]。在 1961 年工人座谈时，不少工人就表示，之前没日没夜地工作，导致身体不行了，如果恢复之后的计件工资制仍然设定较高的定额标准，那还是保持“计时＋奖励”工资制度、“做多做少收入不变”为好[④]。

为了应对“定额定高了，办不到，如果达到了又要被再次调高”的情况，工人普遍采取“留一手”的策略，“当定额员过来时故意开慢车，在确定定额时讨价还价”，即使受到批评也不在乎，“这次让人家批评我定额保守，以后就可以经常超额受到表扬”[⑤]。这种降低产量、虚报工资盘的做法，一般也会得到企业管理人员的默许。在完成生产任务的前提下，管理人员和计件工人达

① 中共上海市第一重工业委员会所属各厂党委关于推行计件工资试点情况报告、总结［Z］.1955 年 4 月，A43–1–24，上海市档案馆藏；国营上海新华印刷厂关于修改定额的体会及装订车间实行计件工资制的试行总结［Z］.1954 年 1 月，A37–1–75–22，上海市档案馆藏.

② 钢铁工业管理局、上钢公司所属上钢二厂、新沪厂、华丰厂、上耐厂、亚细亚厂关于计件系数及计件定额管理的报告、批复、规定［Z］.1956 年，B112–4–51，上海市档案馆藏.

③ 关于检送计件工资情况报告的函［Z］.1956 年 12 月，B5–2–165–80，上海市档案馆藏.

④ 国营上海第十二棉纺织厂关于取消计件工资后的基本情况的初步报告［Z］.1961 年 7 月，G28–2–156–41，上海市档案馆藏.

⑤ 中共上海市委劳动工资委员会.劳动工资情况［Z］.1961（17），A11–2–82，上海市档案馆藏.

成了某种程度的“共谋”，这是“一个国有体制无法回避的问题”[①]。

另有一些企业管理人员则试图制定较低的定额，认为定额定低一些“有利于管理工作的开展”[②]，工人收入越高，越能起到激励效果。在此情况下，计件工人不需要投入太多时间与精力，即可达到生产指标，获得经济收益。在定额较低的情况下，随着劳动生产率的提高，计件工人能够获得大量的超额工资，“如定额不修改，工资就上升”，甚至出现无限制的工资增长[③]。但在这种情况下，计件工人尽管获得了物质报酬，但并没有得到实质性的正向激励。在“大跃进”时期，计件工资制被看作“不是首先关心集体事业，而是首先关心个人的收入”的有“毛病”的制度[④]，这是官方的主流话语。物质利益的满足总是与经济主义、个人主义等批评相联系，认为高收入与社会主义的理念背道而驰。意识形态所造成的压力使得计件工人对于定额过低所带来的高收入有所忌惮。有学者指出，在国营企业内部，不同层级、不同群体之间的互动很容易产生传导效应，对个人心理产生影响。高收入的计件工人成为被抨击的对象或被视为“落后分子”[⑤]之时，经济上的回报随即转化为政治上的重压，使得计件工人宁可放弃部分收入，也要保持“先进性”[⑥]。

在有限度的奖励和政治教育、思想动员等措施较难起到效果的状况下，计件工资制成为企业管理人员手头仅有的激励工具。即使计件工资制的推行出现了各种“乱象”，但一旦有关部门叫停这一制度时，管理人员仍然“不敢做决定，怕工人收入减少，想不通，思想工作难做，又担心今年任务吃重，

---

① 科尔奈．思想的力量：智识之旅的非常规自传［M］．上海：上海人民出版社，2017：50.

② 钢铁工业管理局、上钢公司所属上钢二厂、新沪厂、华丰厂、上耐厂、亚细亚厂关于计件系数及计件定额管理的报告、批复、规定［Z］.1956 年，B112-4-51，上海市档案馆藏．

③ 王榕．王榕工资工作文集［M］．北京：中国工人出版社，1998：149.

④ 中华人民共和国史学会．毛泽东读社会主义政治经济学批注和谈话（简本）［M］．内部发行，1998：514.

⑤ 中共上海市委工业部和国家计委、一机部工作组对工厂工资奖励情况的调查报告［Z］.1961 年 4—8 月，A36-2-464，上海市档案馆藏．

⑥ 李怀印，等．毛泽东时代国营企业内部日常权力关系的再探讨［J］．中共党史研究，2017（5）．

计件一取消恐怕产量要下降，任务完不成”，除非计时工人自下而上地对管理人员施压才“顺水势”，表明取消计件工资制的立场[①]。而在取消计件工资制之后，劳动生产率的下降严重影响了企业生产指标的完成，对管理人员形成了巨大压力。他们对计件工资制的认可，既是源于长期的思想教育所产生的工作责任心，也是由于对无法完成指标受到责罚的忧虑，“不能单讲政治挂帅，还要讲讲物质激励。综合奖励的钞票不算少，但生产效果上不去，总要弄点东西刺激刺激”[②]，而计件工资制是在政策允许的范围之内仅有的“刺激刺激”工人的措施了。对于工人而言，恢复计件工资制的实施则有着明确的前提，生产绩效在收入上必须有所体现，但差距不宜过大；完不成定额要有“兜底”，不能影响基本收入；需要全盘考虑年龄资历、岗位特点、技术等级等因素[③]。这些建议在 1962 年之后试行的半计件工资制中都或多或少得以体现。

四、制度重建：“半计件工资制”的实践

作为政策的实行者，企业管理人员对于取消计件工资制造成的生产效率下降的状况忧心忡忡。1961 年，在“大兴调查之风”的推动下，各级政府组织力量下企业调研。面对调研人员的问询，企业管理人员多数表示：“根据目前的生产条件和工人的觉悟水平，计件工资制是一个很好的办法，即使工人脑袋中为了几张‘票子’，对生产有利这有什么不好？这是适应当前生产发展

---

① 中共上海市委工业部关于计件工资、企业奖励制度的意见及对柴油机厂改革计件工资制的经过情况调查报告［Z］.1958 年 7 月，A36-2-200，上海市档案馆藏.

② 中共上海市委工业工作部关于科室小厂党支部工作、工业七十条试验情况、形势教育和反映备战、清仓等工作会议记录［Z］.1962 年 2—12 月，A36-2-570，上海市档案馆藏.

③ 几个试行计件工资制单位的一些情况反映［Z］.1963 年 8 月，C1-2-3964-6，上海市档案馆藏；上海市劳动局关于参加全国工资会议的调查材料（计件、奖励工资）［Z］.1962 年 10 月—1963 年 3 月，B127-2-1011，上海市档案馆藏；上海市纺织工业局关于推行半计件工资制的报告和总结［Z］.1963 年 4 月—1964 年 4 月，B134-2-195，上海市档案馆藏.

的需要。”[①] 而在主流媒体如《人民日报》上，也开始出现对全盘取消计件工资制进行批评的声音，有文章指出，“改变或改进工资形式，不应该从工资形式出发，而应该从生产出发，使工资形式比较确切地反映人们实际的劳动效果，更好地鼓励工人职员提高劳动生产率和工作效率。对于适应生产发展需要的工资形式，保持一定的稳定性是必要的。实践证明，不从生产出发，任意地推行或改变某种工资形式的做法，对生产的发展是不利的”[②]。

各方要求恢复计件工资制的主张自下而上地反映到中央高层。1961 年 10 月，陈云主持召开调查研究座谈会，与会代表普遍表示，“分配上的平均主义”是导致生产率下降的重要原因，为此应当“把计件工资制和修正主义划清界限”，重新实行计件工资制。而在 1964 年 8 月国家计委的计划工作讨论会上，李富春再次强调，“工资制度，不要把工资改革看得太困难，只要向工人说清楚，工人是可以接受的。计件工资制值得考虑，实行计件可以不做政治工作，不政治挂帅”[③]。

从以上表述可以看到，重新实施计件工资制成为提高劳动生产率、应付工业生产困难局面的集体选择，并通过这一时期颁布的重要文件体现了出来。1961 年 7 月《中共中央关于若干劳动和工资制度的规定》中指出，由于职工实际生活水平的下降，“应该采取维持或者略为提高的方针来加以安排。贯彻这一方针的办法是适当进行职工升级工作，适当扩大实行计件工资制的范围，改进职工的奖励办法，以及增加必要的职工福利等”，并要求“某些企业单位、某些工种如果实行计件工资制对于生产更为有利的时候，应该实行计件工资制”[④]。该年 9 月颁布的《国营工业企业工作条例》(即“工业七十条”)

① 中共上海市委工业生产委员会办公室关于各工业局对工业七十条的讨论汇报［Z］.1961 年 11 月，A38-2-595，上海市档案馆藏 .

② 林方 . 试论工资形式［N］. 人民日报，1961 年 10 月 28 日 .

③ 徐建青、董志凯、赵学军 . 薛暮桥笔记选编（第 4 册）［M］. 北京：社会文献出版社，2017：1069.

④ 中国社会科学院、中央档案馆 .1958—1965 中华人民共和国经济档案资料选编 · 劳动就业和收入分配卷［G］. 北京：中国财政经济出版社，2011：401.

中，要求国营企业的工资、奖励制度，必须体现按劳分配的原则，克服平均主义，在此基础上恢复实行计件工资制，即：工人的工资形式，凡是需要实行计时工资制的，就应当实行计时工资制；凡是需要和可能实行计件工资制的，就应当实行计件工资制；目的是提高劳动生产率。[①]

虽然计件工资制得以“开禁”，但是如何规避之前实行计件工资制时所出现的工人收入差距拉大、影响内部团结等状况，这是考验政策制定与企业管理水平的重要问题。从当时的文件中可以看到，政策制定者处理计件工资制问题时“不愿不用、不敢大用”的矛盾心态，即：计件工资制是贯彻执行按劳分配原则的一种工资形式，在一定条件下有它的积极作用，既不要盲目推行，也不要一概否定[②]。为了避免过去出现过的情况，除了加强思想政治工作、严格限制计件面的扩大、不实行计件工资超额率等措施之外，一些企业进行了制度改良，试图达到“既要效率、也求均等”的双重目的，“半计件工资制”应运而生。

所谓“半计件工资制”，是“将计时和计件工资结合起来的一种工资制度。即工人按计时工资的办法领取一半工资，其余的一半工资组成全厂的计件工资基金，制定计件单价，工人按完成合格产品的数量领取另一半工资”[③]。1959年第16期的《劳动》杂志上刊登了名为《计时和计件结合的工资制》的文章，较早地对这种结合计时和计件的工资制度进行了系统介绍，建议在不变动工人现行工资等级的前提下，“将工资标准划分为两个部分，一部分按计时工资支付，以反映工人技术等级的差别；另一部分按计件工资支付，以反映劳动效果的差别”，并提到这种工资制度有利于鼓励新工人的劳动积极性，可消灭工组中排斥高等级工人的现象；同时，因为计时部分体现了技术等

---

① 薄一波. 若干重大决策与事件的回顾［M］. 北京：中共中央党校出版社，1993：969-970.

② 中国社会科学院、中央档案馆. 1958—1965中华人民共和国经济档案资料选编·劳动就业和收入分配卷［G］. 北京：中国财政经济出版社，2011：401.

③ 刘传济. 劳动经济学辞典［M］. 河南：河南人民出版社，1986：282.

级的差别，就能够保证高等级工人的工资收入，因而也有利于鼓励老工人的生产热情[①]。而在1962年9月出版的《劳动》杂志上，岳曙耕、李明珠重提“计时与计件结合的工资形式”，认为应将工资分为按劳动者实际工作时间计酬的计时工资与按劳动者实际劳动成绩计酬的计件工资，这样“既考虑劳动者的出勤情况，又考虑劳动者的工作情况，多劳可以适当多得，少劳也适当少得，这对劳动者就有着较大的物质鼓励作用”[②]。这些观点，为之后半计件工资制的实行提供了经验。

1962年11月，上海国棉二厂二纺工场、国棉五厂筒子车间、国棉十二厂布机车间的652名工人开始试行“半计件工资制”。根据日后的总结性文件披露，半计件工资制的出台经过了两个多月的讨论研究在恢复“大跃进”前的计件工资制、计时分等工资制、“计时＋奖励”工资制等方案中脱颖而出，被认为“比较适合当前的现实情况”。为了试行这一制度，上述企业进行了周密的准备工作，以厂长为主，加上计划、技术、车间、劳动、工会等部门的领导，组成半计件工资制领导小组。工作流程大致如下：

（1）由劳动工资员测算前三个月每个工人的产量质量指标完成水平，调查工资组成，分清标准、超额、保留等工资数额，折算工龄，进行技术水平排队，随后将测算结果进行汇总分析，制订半计件工资制初步方案，经由半计件工资制领导小组审查讨论，报上级领导审批。

（2）召开职工大会，做“计时＋奖励”工资制度的总结报告，肯定成绩，揭露制度上存在的矛盾与当前生产发展不适应，提出实行半计件工资制是唯一的解决办法。同时组织党员、团员、组长以上干部学习半计件工资制，统一干部思想，端正态度，解除思想顾虑。

（3）召开车间分班大会，介绍半计件工资制的优越性，如促进生产、更能体现按劳计酬、便于企业管理等，具体回答工人的疑问，同时召集车间主

① 承纪中．计时和计件结合的工资制［J］．劳动，1959（16）．

② 岳曙耕、李明珠．计时与计件结合的工资形式［J］．劳动，1962（14）．

任，讨论实行新工资制度后的相关管理工作。

（4）技术科召开座谈会，讨论劳动定额管理制度问题；举行统计员、记录员业务学习会议，集中学习半计件工资制，布置统计要求。

（5）再次召开职工大会，宣布试行半计件工资制[①]。

按照要求，试行半计件工资制需要满足以下四项条件：1. 生产任务比较饱满，产品品种比较固定，原材料供应正常；2. 产品质量比较稳定，有比较健全的检验制度；3. 有比较先进合理的工时定额，有健全的定额管理制度；4. 贯彻“工业七十条”的要求，初步建立和整顿原始统计凭证制度，在制品的车间、工段、小组都建立“五定五包”制度。制度特别对“饱满”加以解释，即工作任务足够、原料供应充分的意思，两个条件缺一不可。如果全月工作任务足，但原材料供应月初松月底紧，这种情况以不实行计件为宜；如果全月任务不足，但多余人员做了安排，参加生产的人工作任务充足，在这种情况下，也可以实行计件[②]。

半计件工资制的具体实施方法是：工人按照计时工资的办法领取一部分工资，另一部分工资组成计件工资基金，制定计件单价，根据工人完成合格产品的数量与质量来领取。每个半计件工人每月实际工资的领取公式是：月工资 = 计时工资（原工资 − 计件工资基金）+ 计件工资（月产量 × 计件单价）。

对于计件工资基金的数额，一开始制定的方案是，不同岗位的人员根据具体情况规定不同水平，如布机挡车岗位的计件工资基金定为 33 元，占标准工资的 40%；粗纱、细纱岗位的计件工资基金定为 30 元，占标准工资的 39%；筒摇挡车岗位的计件工资基金定为 36 元，占标准工资的 43%。后来为

① 上海市纺织工业局关于推行半计件工资制的报告和总结［Z］.1963 年 4 月—1964 年 4 月，B134-2-195，上海市档案馆藏 .

② 上海市劳动局关于参加全国工资会议的调查材料（计件、奖励工资）［Z］.1962 年 10 月—1963 年 3 月，B127-2-1011，上海市档案馆藏 .

了便于管理，所有岗位人员统一定为36元[①]。计件部分实行同一单价的直接无限制计件，不设计件工资超额率。对产量与质量同时加以考核，产量质量全面超额完成定额时，产量质量超额部分的计件单价加倍计算；只完成或超额完成其中之一时，产量质量按计件单价计发工人，并规定达不到质量指标时要适当减少工资。

以国棉五厂的筒子挡车工为例，该工人的生产量按包计件，每包纱计件单价0.16元，质量采取综合打分的方式，以96分为指标，超额或落额时单价0.25元；产量超过定额和质量超过指标时单价加倍，产量超额1包单价按0.32元计给，质量每超过指标1分，单价按0.50元计算。又如国棉十二厂的布机挡车工，其生产量按单产公尺计件，看台每超额或落额1台，每台单价按1元计给。单产达到定额时每少出1匹次布按0.50元计给，单价加倍；单产完不成定额时每少出1匹次布按0.25元计给，单价不变。这样，产量落额时影响了质量超额工资，质量完不成指标时影响了产量超额工资。质量好，产量高，单价加倍，工人就可以多得工资。在工资分配上把产量和质量相互联结起来，避免抓了产量丢了质量、抓了质量丢了产量的“跷跷板”现象[②]。

由于在劳动组织上较难做到工作物等级与工人等级一致，容易出现“高做低、低做高”的现象，因此，在半计件工资制的设计中，专门将处理高级工与低级工之间的工资关系作为确定计件单价的重要原则，规定现行工资水平较低的低级工的计件部分约占其实行工资的80%~90%，高级工计件部分一般占40%，虽然低级工计件部分比重大，但因原工资较低，实际收入不会超过高级工；而高级工以计件方式结算的工资占比不到一半，收入也能基本稳定。制度还特别规定，凡年老体弱、经医生证明（或经医务劳动鉴定委员会鉴定）不能胜任原岗位而调做轻便工作的工人（包括在原岗位被照顾减轻工

---

① 关于上海市计件奖励制度变化的一些情况［Z］.1963年10月，B127-1-193-77，上海市档案馆藏.

② 几个试行计件工资制单位的一些情况反映［Z］.1963年8月，C1-2-3964-6，上海市档案馆藏.

作量的工人)，自调动之日起，在3个月以内按本人原工资的90%支付(按本人平均工资计算)，调做轻便工作超过3个月的，其工资从第4个月起按新岗位重新评定。新评工资标准低于原工种工资标准的差额，根据本人工龄长短发给生活补贴，即为连续工龄满5年、不满10年的补贴差额(新旧工资标准的差额的50%)，连续工龄满10年、不满15年的补贴差额60%，连续工龄满15年(含以上的)补贴差额70%。对连续工龄在5年以下的工人，不发给生活补贴①。

表4.2　上海国棉五厂筒子车间半计件工资制试行期间高级工与低级工收入对比表②

	低级工	高级工
试行“半计件工资制”之前	33.40元	78.55元
试行“半计件工资制”之后	37.16元	72.93元
实行“大跃进”之前的“全计件工资制”	75.77元	72.72元

半计件工资制试行之后，对于生产效率和产品质量的提高取得了较为明显的效果。如国棉五厂筒子工人产量平均提高7%至8%，各种纱支优秀级率混合数从75.56%提高到77.4%；国棉二厂摇纱产量从91车增加到107车，一等品率从65.26%提高到75.71%，工人的收入也由此增加，有86.2%的人多得工资，平均每人每月多得3.50元。这种激励成效使得原先工作动力不足的工人受到鼓舞：实行计时工资制时，做多做少、做轻做重都拿固定工资，因此有的工人要求调做轻便工作，要求做预备工；而在试行半计件工资制之后，工作不抓紧、学习技术没有劲头的工人数量明显减少，出勤率也恢复到1958年计件面扩大时的水平③。

---

① 上海市纺织工业局关于推行半计件工资制的报告和总结[Z].1963年4月—1964年4月，B134-2-195，上海市档案馆藏.

② 上海市劳动局关于参加全国工资会议的调查材料(计件、奖励工资)[Z].1962年10月—1963年3月，B127-2-1011，上海市档案馆藏.

③ 几个试行计件工资制单位的一些情况反映[Z].1963年8月，C1-2-3964-6，上海市档案馆藏.

表 4.3　试行半计件工资制之后工人月平均工资变动情况表[①]

	人数	原工资奖金	现平均工资	比较
国棉二厂	247 人	74.00 元	77.84 元	+3.84 元
国棉五厂	210 人	59.90 元	63.16 元	+3.26 元
国棉十二厂	195 人	75.35 元	78.66 元	+3.31 元
合计	652 人	209.25 元	228.66 元	+10.41 元

表 4.4　试行半计件工资制之后工人月平均工资具体增减变化情况一览表（单位：人）[②]

	人数	收入增加	1~5 元	5~10 元	10~15 元	收入减少	1 元以下	1~3 元	3~5 元	收入不动
国棉二厂	247	230	152	67	0	10	4	3	3	7
国棉五厂	210	166	95	46	9	29	9	12	8	15
国棉十二厂	195	166	83	46	11	27	18	8	1	2
合计	652	562	330	159	20	66	31	23	12	24

由于半计件工资制的试行效果较为显著，各部门遂着手实施推广。1963 年下半年，鸿兴色织厂、永新雨衣厂、上海丝绸厂的 1187 名工人试行半计件工资制，实施效果同样显著：鸿兴色织厂筒摇产量提高 12.28%，穿扣产量提高 8.74%，布机间单产提高 11.71%，正品率提高 2.27%；永新雨衣厂布机间平均产量提高 4.3%，正品率提高 3%；上海丝绸厂挡车平均产量提高 8.7%，质量提高 1.4%[③]。1964 年，上海市纺织工业局、物资局等相继出台了半计件工资制的暂行规定。同年 4 月，劳动部规定工作物等级与工人标准工资等级基本一致或某些重体力劳动的工种（货物搬运、装卸），实行“同一单价的计件工资制”；工作物等级与工人工资等级相差较大的（高低相差一级以上），实

① 上海市劳动局关于参加全国工资会议的调查材料（计件、奖励工资）[Z].1962 年 10 月—1963 年 3 月，B127-2-1011，上海市档案馆藏.

② 上海市劳动局关于参加全国工资会议的调查材料（计件、奖励工资）[Z].1962 年 10 月—1963 年 3 月，B127-2-1011，上海市档案馆藏.

③ 上海市纺织工业局关于推行半计件工资制的报告和总结［Z］.1963 年 4 月—1964 年 4 月，B134-2-195，上海市档案馆藏.

行“分段计酬的计件工资制”；对能够明显区分产品质量等级的，实行“按质分等计酬的计件工资制”[①]。这里的“分段计酬的计件工资制”即“部分计时、部分计件”的做法，与“半计件工资制”的意思大致相同，可以视为这一制度得到了高层领导的认可。

对于半计件工资制的实行情况，多数工人的意见反映是“积极拥护”，认为“出头日子来了”，并举双手欢迎。他们表示，原来质量超过指标，产量再高也是白超；现在这个办法好，越做越有劲，“现在做多少拿多少比较合理，半计件工资制是有一分拿一分，做多少拿多少，只要拿出力量来，人人有希望”。在 257 位“半计件工人”之中，有 219 人表示赞同，表示无所谓的 21 人，表示不欢迎的 17 人。车间管理人员也表示，半计件工资制实施之后，工人生产时间“争分夺秒”，生产进度“得寸进尺”。有车间主任表示，“现在车间内工人你穿来、我穿去，真像梭子一样，干劲十足”。还有工长说，“四年多来，工人从来没有像这次一样积极过”[②]。

由上文也可以看到，有 17 位工人对半计件工资制的实施情况投了“反对票”。如果对“赞成派”的 219 位工人加以细分，会发现有 124 人表达的是“谨慎支持”的态度，这些人认为半计件工资制的实行对自己的利益增加有限。出现少部分工人反对的情况原因在于，之前实行“计时 + 奖励”制度时完不成生产指标最多不拿奖金，不影响基本工资；而在实行半计件工资制之后，工人一旦完不成生产定额，不但没有超额工资，而且标准工资还要少拿。一些劳动纪律比较松散的工人认为，如果不搞计件工资制的话，虽然“发不了财”，但工资与奖金还是拿得到的，实行半计件工资制后，不但奖金拿不到，可能连工资也要减少，因此产生抵触情绪。有工人反映“计件工资制严，月评月奖松”，官方文件也承认，半计件工资制“对奖金和低等级工人超额控

① 沈智、李涛 . 上海劳动志［M］. 上海：上海社会科学院出版社，1998：303.

② 上海市纺织工业局关于推行半计件工资制的报告和总结［Z］.1963 年 4 月—1964 年 4 月，B134-2-195，上海市档案馆藏 .

制得严了一点”[①]。

另外，由于定额管理水平不足，1964年之后，在实行半计件工资制的企业中，计件工资超额、计件工资远高于计时工资、新工人收入超过老工人的情况仍然或多或少地出现。片面追求产品数量、追求超额、不爱护机器设备导致废品率提高的现象也并没有完全根除。为此，上海市劳动局、生产技术局在文件中特别强调“实行计件工资制的范围一般不再扩大，有条件的单位还可以取消计件工资制”，即使仍然实行，也必须“加强对工人的思想政治教育，注意提高产品质量、节约原料材料和维护机器设备，改变定额落后、个人超额工资过多的状况，适当平衡计件与计时工人的收入”[②]。

从政策制定者的初衷来看，取消计件工资制的目的之一是在保证“政治稳定”的前提条件下，“将某种政治献身精神灌输给普通工人”，利用政治动员和群众运动，实现经济上的跨越式发展。“工业七十条”主张恢复计件工资制，给予工人一定的物质激励，这种做法可视为对此前激进的发展战略的一种反思。实践证明，在落后生产力的状态下，劳动者无法摆脱将劳动作为一种谋生手段的事实，社会主义整体利益和劳动者个体利益之间存在着天然的矛盾，劳动者的生产投入仍需要在物质上体现出来[③]。

五、物质激励措施为何屡踩“刹车”？

从以上论述的情况来看，改革开放之前的中国国营企业并不像通常所认为的放弃物质激励、推行精神激励，而是有目的地采用以计件工资制为代表

① 上海市劳动局关于参加全国工资会议的调查材料（计件、奖励工资）[Z].1962年10月—1963年3月，B127-2-1011，上海市档案馆藏.

② 国务院、劳动部关于印发“企业计件工资暂行条例（草案）”等通知及上海市劳动局、生产技术局贯彻情况[Z].1964年4月，B127-2-1013，上海市档案馆藏.

③ 陈健、郭冠清.落后生产力国家社会主义的优越性：中国道路的回顾与比较[J].兰州学刊，2020（2）.

的物质激励制度，以此促进工人生产，起到提高劳动生产率的效果。但是，计件工资制只有满足定额管理的先决条件，才能够有效地激励工人投入生产。尤其对于流水线上的工人而言，定额管理就是将复杂劳动折算为简单劳动，确定工人的工资标准和等级，因此“计算单位必须要相当准确地反映出工人的劳动量，否则就不可能规定有根据的产量定额并对其完成情况进行统计”①。

从苏联的情况来看，为了保证激励制度取得较好的效果，苏联制定了严密的定额管理制度、质量检验制度和统计记录制度。在定额管理方面，要求整顿成品和废品的统计工作，建立严格的个别配工的制度，改善工作地点和组织，保证不间断地供应必需的原料、材料和半成品，制定机器设备专责制②。相较之下，“大跃进”之前的中国企业普遍采取经验统计定额或估工定额的办法，造成算出来的定额标准与实际情况存在明显出入③。定额的测定人员知识水平不够高，无法根据具体的生产情况及时有效地调整定额。而用技术定额测定法制订定额费时较久，在某些产品种类过多的单位里，如果全部产品、一切工序都用技术定额测定法制订定额，就会赶不上生产的需要④。一旦操作技术水平较高，计件工资制就会不可避免地出现“少劳多得”、部分工人收入增长太快、工人之间收入差距悬殊等状况，给企业的日常管理造成阻碍⑤。曾任中财委计划局局长的宋劭文就表示，“把政策放在前面，把计算放在后面，实行所谓‘政治领导’”，导致经济生产部门出现大量的浪费⑥。

在未能达到定额管理水平的情况下，强制性地实施计件工资制会使工人的生产状况无法迅速、敏感地被管理人员所接收，个人产出和绩效在数量、质量乃至设备完好率等方面难以准确衡量，导致工人的工资所得与其实际的

---

① 苏联部长会议国家劳动工资委员会 . 苏联劳动与工资［M］. 北京：商务印书馆，1977：302.

② 谢明诺夫 . 苏联工资制度讲义［M］. 北京：工人出版社，1953：53.

③ 杨凤梧，等 . 从一个市的情况看计件工资制［J］. 劳动，1958（6）.

④ 许文彬 . 关于推行计件工资中的几个问题［J］. 劳动，1954（10）.

⑤ 华尔德 . 共产党社会的新传统主义［M］. 英国：牛津大学出版社，1996：127.

⑥ 中国社会科学院、中央档案馆 .1949—1952 中华人民共和国经济档案资料选编 · 基本建设投资和建筑业卷［G］. 北京：中国社会科学出版社，1989：22-23.

技术能力、工作投入之间出现“错配”现象，人为产生工人内部的重重矛盾，这是不少企业管理人员对于扩大计件面的要求“畏难怀疑”的主要原因，担心“心中无数”，“怕推行计件工资制度花了钱不讨好，怕目前推行计件工资制的条件还没有具备”①。同时，随着工业化水平的提高，制造企业的加工工序日渐繁多，多工序的生产流程使得计件难度加大，每道工序的工作负荷无法精准确定，对于计件薪酬的确定很难真正做到公平公正。为此，执政者不得不几次“踩刹车”，中止计件工资制的实施，以规避可能造成的负面后果。事实证明，在没有良好的定额管理水平的基础上强制性地推广计件工资制，对正常的企业生产和工作氛围造成了严重的负面影响。

我们也可以看到，叫停计件工资制的决定有着特定的历史背景。1956 年底，波兰、匈牙利等国数万工人走上街头，对政府进行攻击。这种“工人罢工、学生罢课、群众性的游行请愿和其他类似事件”的风潮也影响到了中国②。对于这种工人大规模攻击执政党的集体行为，毛泽东的判断是一部分工人“物质上的要求没有得到满足”③。他指出：“哥穆尔卡④上台时，强调物质刺激，增加工人工资，结果工资增长的速度快于劳动生产率增长的速度。他们不注意提高工人的觉悟。工人只想多要钱，不好好干，生产情绪不高，造成了吃老本、不能增加积累的严重状况，逼着他们现在不得不出来反对物质刺激，提倡精神鼓励。哥穆尔卡也说，钱收买不到人心。赫鲁晓夫一直到现在强调物质刺激，可以预计，一定会走向自己的反面。他开了很多支票，高薪阶层当然满意，广大工人农民要求兑现而不能兑现的时候，就会被迫走到强

① 上海市工联工资部及各产业工会、一机工会关于计件工资、奖励制度、工资基金的情况报告和意见［Z］.1956 年 8 月—1958 年 5 月，C1-2-2408，上海市档案馆藏.

② 中共中央文献研究室 . 建国以来重要文献选编（第 10 册）［G］. 北京：中央文献出版社，1995：138.

③ 建国以来毛泽东文稿（第 6 册）［M］. 北京：中央文献出版社，1992：350.

④ 瓦迪斯瓦夫・哥穆尔卡，1956 年至 1970 年任波兰共产党中央委员会第一书记。

调物质刺激的反面。”[①] 换言之，要不要继续实行物质激励与计件工资制，早已不只是一个经济范畴的问题，而且具有政治方面的意味。

在具体政策的设计中，有关方面也尽力在效率和均等之间寻找“平衡点”。如“半计件工资制”，仅仅拿出一部分工资基金用于计件，既想提高生产效率，更希望工人收入不会拉开太大差距，仍然体现出传统文化中“不患寡而患不均”观念的束缚[②]。半计件工资制试行之初，即有文章对这种将计时和计件结合的工资制度提出质疑，认为这种制度“不能充分体现按劳分配、多劳多得的原则，只能消极地起限制超额工资的作用，不利于鼓励工人多超额”，体现出鲜明的“折中主义”色彩[③]。有学者总结，如果把发展生产和防止“两极分化”从而实现社会公平比作天平上的两端，那么，改革开放之前的砝码总是更多地加在后一方面[④]。“所得报酬高的人和所得报酬低的人相差悬殊对社会主义建设总是不利的。因而总的趋势应该是逐渐缩小他们之间的悬殊程度，而不是扩大他们中间的悬殊程度。”[⑤]

“工资，是我们发展经济的一个武器。这个武器运用得当，也就是把工资级差安排得当，可以鼓励职工提高文化技术水平，提高劳动生产率，促进经济的发展。”[⑥] 经济学家薛暮桥曾指出：“在社会主义制度下，工资问题是一个很重要又很复杂的问题。它不仅直接涉及工人阶级（包括脑力劳动者）内部各个劳动者之间的分配关系，而且涉及工人阶级和集体农民之间的关系……工资水平、工资形式以及各部分劳动者的工资比例关系等，对调动劳动者的

---

① 中华人民共和国史学会．毛泽东读社会主义政治经济学批注和谈话（简本）[M]．内部发行，1998：671.

② 赵人伟、李实．中国居民收入差距的扩大及其原因[J]．经济研究，1997（9）.

③ 陈沛霖．计时与计件相结合的工资形式不能充分体现按劳分配原则[J]．劳动，1962（18）.

④ 李子联．中国收入分配制度的演变及其绩效（1949—2013）[J]．南京大学学报（哲学社会科学版），2015（1）.

⑤ 仲津．政治经济学社会主义部分探索[M]．北京：学习杂志社，1958：43.

⑥ 中国社会科学院、中央档案馆．1953—1957 中华人民共和国经济档案资料选编·劳动工资和职业保险福利卷[G]．北京：中国物价出版社，1998：465.

生产和工作的积极性和正确处理人民内部矛盾都有重大作用。”[①] 实践证明，合理有效地使用计件工资制，加强定额管理，能够对工人起到良好的激励效果。单纯进行精神激励，或是在收入分配问题上采取平均主义策略，容易压抑工人的劳动积极性，对生产绩效造成负面影响[②]。从“大跃进”时期激励政策的实践效果、企业管理人员和工人的回应方式，以及“大跃进”之后工资制度的调整过程，可以清晰地看到上述特点[③]。

由计件工资制的实践过程也可以看到，由中央主导、出于某种政治目的而制定的工资政策，一旦强制性地向基层推行，很有可能出现工人分化和激励异化的局面，进而对企业管理和技术养成造成负面影响。政策制定者并不了解企业的具体生产状况，而掌握实际情况的企业又不掌握自主的工资分配权，这种集中太多、管得过死的做法，必然造成信息失真，使政策在实践时起不到应有的效果。对工人或岗位制定对应的激励措施，是一项较为微观的经济管理行为，理应由企业掌握分配权力，按照“多劳多得、少劳少得、不劳不得”的原则，对工人实行相应的绩效管理。改革开放之后，在一些经济学家的呼吁之下[④]，中央陆续制定了多项政策，逐步扩大企业在人财物方面的分配权力，根据实际生产经营情况决定工资水平和激励方案，对调动职工积极性、提高企业经济效益起到了积极的促进作用。

① 薛暮桥 . 中国社会主义经济问题研究［M］. 北京：人民出版社，2012：78.

② 魏众、王琼 . 按劳分配原则中国化的探索历程——经济思想史视角的分析［J］. 经济研究，2016（11）.

③ 田毅鹏，等 . “单位共同体”的变迁与城市社区重建［M］. 北京：中央编译出版社，2014：137.

④ 马洪 . 关于改革工业企业领导制度的探讨［J］. 经济管理，1980（12）.

第五章

改革开放初期激励制度的调整与创新

改革开放之前，为了能够激励工人投入生产，政策制定者与企业管理者采取了物质激励和精神激励的措施，并起到了一定的正向效果。1966 年后，由于按劳分配原则受到批判，将思想教育工作与物质激励对立起来、否定物质利益原则成为一种“政治正确”，“少数单位保留的半计件工资制和提成拆账工作等形式，也被视作修正主义因素而停止实行”[①]，职工工资长期未做调整，平均工资逐年下降，1957 年尚有 637 元，1962 年降至 592 元，1966 年到 1970 年下降了 4.2%，扣除价格变动因素，实际平均工资每年下降 1.2%，部分职工的工资冻结超过 20 年[②]。不同级别和技术水平的工人之间工资差异很小，导致在收入分配的问题上出现了“一种同社会生产力发展要求不相适应的僵化的模式，这种模式的主要弊端是：政企职责部分条块分割，国家对企业统得过多过死，忽视商品生产、价值规律和市场的作用，分配中平均主义的情况严重，这就造成了企业缺乏应有的自主权，企业吃国家‘大锅饭’，职工吃企业‘大锅饭’的局面”，职工工资与社会经济发展脱节、与企业经济效益脱节、与个人实际劳动付出脱节，出现所谓的“工资刚性”，“严重压抑了企业和广大职工群众的积极性、主动性、创造性，使本来应该生机盎然的社会主义经济在很大程度上失去了活力”[③]。

随着思想上拨乱反正工作的进行，这些问题日渐受到关注，进而出现了一系列的重量级文章，这些文章冲破了理论禁区，在企业管理与激励方式上进行了深入探讨与实践创新，主要针对的是如何给予企业更大的自主性，允

---

① 贺镐圣，等．上海经济体制改革的历史沿革（中）[J]．上海经济研究，1984（6）．

② 严忠勤．当代中国的职工工资福利和社会保险 [M]．北京：社会科学文献出版社，1987：158.

③ 国家体改委办公厅．十一届三中全会以来经济体制改革重要文件汇编（上卷）[M]．北京：改革出版社，1990：20.

许企业在奖励形式、资金分配等方面获得一定的自由度，但又能够建立起有效的约束，处理好责任、权利、利益三者的关系等问题。

一、理念转变：重提“按劳分配”

从1978年开始，经过40多年的发展，中国基本形成了独立、完整的工业体系，建立了钢铁、机械、化工、汽车、航空、纺织、医药等现代工业部门，培育了航天、原子能、微电子、生物等代表先进技术的现代高科技工业。就工业在国民生产总值中所占比例来看，中国工业化进程在新中国成立以来的前30年有了巨大的推进，工业增加值的比重从1950年的21%上升到1978年的49%，这个比例已经达到或超过英、美等国完成工业化时的指标值。但从发展水平来看，我国劳动人口的就业比重：农、林、渔业为73.8%，工业和建筑业为15.3%，交通邮电、商业服务和金融业为5.2%；同期，上述三项美国的比值分别为3.5%、32.1%和23%；日本为11.7%、35%和52.8%；法国为9.1%、37.1%和53.8%[①]。数据表明，中国的产业结构集中于农、林、渔业，其他行业比重偏低，仍然没有甩掉贫穷落后的农业国帽子。

更严重的问题是，经过了“文化大革命”和数年的工资冻结，企业职工普遍表现出劳动积极性降低的情况，怠工甚至旷工的现象普遍存在。有职工抱怨称“有很长的一段时间，绝大多数人都没有调过工资，但家庭情况却变了，多了老婆孩子。这对人们的工作态度有影响。你可以看到他们迟到早退，工作拖拖拉拉，工作时间聊天，装病，经常请假。这么做也不会扣工资”，“有些工人每天露几回面，报个到之后就骑车走了”，在没有物质激励和定额管理的情况下，思想政治动员只能起到表面上的效果，很快便故态复萌[②]。如何对工人进行激励，成为执政者所要思考的核心问题。要调整激励措施，首

① 吕政.吕政经济文选［M］.北京：中国时代经济出版社，2010：149.

② 华尔德.共产党社会的新传统主义［M］.英国：牛津大学出版社，1996：230-233.

先要改变思维方式，思想上的变革往往是最困难的。核心问题是：多劳是否可以多得，分配方式是否与劳动绩效挂钩？

马克思在《哥达纲领批判》中指出，社会主义时期的消费资料分配，“通行的是商品等价物的交换中通行的同一原则，即一种形式的一定量劳动同另一种形式的同量劳动相交换”，“在这里，平等的权利按照原则仍然是资产阶级权利……这些弊病，在经过长久阵痛刚刚从资本主义社会产生出来的共产主义社会第一阶段是不可避免的。权利绝不能超出社会的经济结构以及由经济结构制约的社会的文化发展”。只有在共产主义的高级阶段，在社会强制的分工已经消失，劳动不再仅仅是谋生的手段，脑力劳动、体力劳动不再对立，社会生产力和财富都得到极大增长的时候，“社会才能在自己的旗帜上写上：各尽所能，按需分配”①！

对于马克思的观点，毛泽东的评论是“社会主义社会里面的按劳分配、商品生产、价值规律等，现在是适合于生产力发展的要求的，但是，发展下去，总有一天要不适合生产力的发展，总有一天要被生产力的发展所突破，总有一天它们要完结自己的命运……”②。他将资产阶级法权分为“有用”和“无用”两种，认为按劳分配和工资制度是“有用”的资产阶级法权，“必须保护，使之为社会主义服务。把它打得体无完肤，会有一天我们要陷入被动，要承认错误，向有用的资产阶级法权道歉”，但只是现阶段不能破除，出于经济恢复与发展的工具目的而加以使用。按照毛泽东的经济构想，从长远的视角来看，“逐步限制社会分工和商品生产，逐步限制按劳分配和以物质利益为原则的在经济上自给自足或半自给自足的社会组织（他认为没有这些限制就会产生资本主义）”③。

---

① 马克思. 哥达纲领批判［M］. 北京：人民出版社，1965：12–14.

② 中华人民共和国史学会. 毛泽东读社会主义政治经济学批注和谈话（简本）［M］. 内部发行，1998：276.

③ 胡绳. 中国共产党的七十年［M］. 北京：中共党史出版社，1991：418.

换言之，按劳分配原则与毛泽东所设想的“公平、完美的社会主义”的发展目标相违背。领导人的这些观点在“大跃进”时期得到了不少赞同意见，如 1958 年 10 月 23 日，《人民日报》发表了《让共产主义思想更快地成长》的文章，不仅揭露了计件工资制的“六大罪状”，更旗帜鲜明地指出按劳分配“仍然是资产阶级法权的表现，是旧社会遗留下来的斑痣，它实际上还存在着不平等。因此，对于‘按劳取酬’的原则，我们既要承认它，又要限制它，逐步消灭它，而不能美化它、发展它、扩大它”。简言之，物质刺激被视为一种单纯促使劳动者“关心个人的劳动成果，从而达到提高劳动生产率和改善企业经营管理的经济工具。计件工资制的特殊性能，造成了与计时工资制的对立，造成了与国家利益、长远利益的对立，造成了与政治挂帅和群众路线的对立，这便是产生计件工资制各种弊端的内在原因”，这“成为生产力高速度发展的桎梏”[①]。

即使物质激励措施能够有效地激励工人投入生产，但由于仅仅满足当前的工具取向而与执政者所设定的“理想蓝图”相对立，使得这一制度无法得到长期的实施。在经济困难时期，为了恢复生产、提高生产积极性，毛泽东要求遵守按劳分配原则，“不劳动者不得食，各尽所能，按劳付酬”[②]，物质激励手段如计件工资制、奖金制等会受到重视，得以在企业内实行。但是，一旦经济局面重新稳定，按劳分配的“过渡”性质又会被再度提及，“解放前跟资本主义差不多。现在还实行八级工资制，按劳分配，货币交换，这些跟旧社会没有多少差别。所不同的是所有制变更了”[③]。

过于强调意识形态的价值取向，忽视了推动生产的工具取向，使得改革开放之前按劳分配、物质激励和计件工资制多次遭到否定。即使在党和国家的重要文件中多次规定国家实行“各尽所能，按劳分配”的分配原则，但在

① 金若弼．计件工资制是不是按劳分配的最好形式［J］．学术月刊，1959（3）．

② 逄先知、金冲及．毛泽东传（1949—1976）［M］．北京：中央文献出版社，2003：1155.

③ 顾龙生．毛泽东经济年谱［M］．北京：中共中央党校出版社，1993：665.

实践中，按劳分配原则却并没有真正实行。“在政治挂帅的旗号下，个人消费资料的分配并未完全按照劳动贡献来进行，而是采取了使用精神激励反对物质刺激的态度，因而在相当程度上屈从于中国传统的平均主义思想……劳动者的劳动积极性因而受到抑制”，收入分配的主导思想是“平均主义”和“大锅饭”[①]。一般认为，计件工资制是体现各尽所能、按劳分配原则的比较好的一种工资分配形式[②]。在否定按劳分配的原则时，连带对物质激励和计件工资制进行了批判，提出“按劳分配这个口号意味着货币刺激、计件工资等”[③]。尤其是在“文化大革命”期间，为了突出“政治挂帅”，将政治与经济、思想政治工作与物质激励对立起来，全盘否定物质利益，认为按劳分配和计件工资制调动起来的是个人主义的积极性，“是资产阶级的和修正主义的货色”[④]。

在按劳分配理念确立的过程中，邓小平态度明确。1978 年 3 月 28 日，邓小平同国务院政治研究室负责人谈话时指出：“我们一定要坚持按劳分配的社会主义原则。按劳分配就是按劳动的数量和质量进行分配。根据这个原则，评定职工工资级别时，主要是看他的劳动好坏、技术高低、贡献大小。政治态度也要看，但要讲清楚，政治态度好主要应该表现在为社会主义劳动得好，做出的贡献大。处理分配问题如果主要不是看劳动，而是看政治，那就不是按劳分配，而是按政分配了。总之，只能是按劳，不能是按政，也不能是按资格。”他还强调：“有奖有罚，奖罚分明。对干得好的、干得差的，经过考核给予不同的报酬……物质鼓励也不能缺少。在这方面，我们过去行之有效的各种措施都要恢复。奖金制度也要恢复。”12 月，邓小平在著名的《解放思想，实事求是，团结一致向前看》的讲话中再次重申，应当讲究多劳多得，重视物质利益，“革命是在物质利益的基础上产生的，如果只讲牺牲精神，不

---

① 魏众、王琼．按劳分配原则中国化的探索历程——经济思想史视角的分析［J］．经济研究，2016（11）．

② 康永和．关于推行计件工资制的几个问题［N］．工人日报，1981 年 8 月 12 日．

③ 李云．对于计件工资的一些看法［J］．经济研究，1959（5）．

④ 严忠勤．当代中国的职工工资福利和社会保险［M］．北京：社会科学文献出版社，1987：92.

讲物质利益，那就是唯心论……赏罚、升降必须同物质利益联系起来”[①]。

在中央的具体文件中，也逐渐将按劳分配的理念写入文字之中。1978年2月，第五届全国人大一次会议的政府工作报告中指出：“在整个社会主义历史阶段，必须坚持不劳动者不得食，各尽所能、按劳分配的原则……在分配上，既要避免高低悬殊，也要反对平均主义，实行多劳多得，少劳少得。”[②]1987年10月，党的十三大报告提出，社会主义的分配政策是“既要有利于善于经营的企业和诚实劳动的个人先富起来，合理拉开收入差距，又要防止贫富悬殊，坚持共同富裕的方向，在促进效率的前提下体现公平”[③]。这种表述提出了“效率优先、兼顾公平”的收入分配指导原则，也承认了其他分配方式存在的合法性。

重新评价按劳分配和物质激励，主要推动力量来自中央对发展生产力的重视。有学者指出，邓小平虽然是在1992年才系统提出“社会主义的本质，是解放生产力、发展生产力、消灭剥削、消除两极分化、最终达到共同富裕”[④]，但在此之前，邓小平已经多次提出了发展生产力的重要意义。如1980年提出“社会主义首先要发展生产力”的观点，1984年指出“社会主义阶段的最根本任务就是发展生产力，社会主义的优越性归根到底要体现在它的生产力比资本主义发展得更快一些、更高一些……社会主义要消灭贫穷。贫穷不是社会主义，更不是共产主义”，1985年指出“社会主义优越性最终要体现在生产力能够更好地发展上”[⑤]。

从论述的内容来看，邓小平似乎与毛泽东的“先调整企业中的生产关系，再发展生产力”的观点有区别，而更接近苏联的“生产力一元论”。但是，

---

① 邓小平文选（第二册）[M]. 北京：人民出版社，1993：101、146–151.

② 谭中和，等. 中国工资收入分配改革与发展（1978—2018）[M]. 北京：社会科学文献出版社，2019：4.

③ 杨志安、郭矜. 中国财政调节收入分配研究 [M]. 沈阳：辽宁大学出版社，2016：60.

④ 邓小平文选（第三册）[M]. 北京：人民出版社，1993：373.

⑤ 邓小平文选（第三册）[M]. 北京：人民出版社，1993：63–64、149.

邓小平又在关于社会主义本质论的论述中反复强调“消灭剥削、消除两极分化、最终达到共同富裕”。他认为，“一个公有制占主体，一个共同富裕，这是我们所必须坚持的社会主义的根本原则”，“社会主义最大的优越性就是共同富裕，这是体现社会主义本质的一个东西。如果搞两极分化，情况就不同了，民族矛盾、区域间矛盾、阶级矛盾都会发展，相应地，中央和地方的矛盾也会发展，就可能出乱子”[①]。有学者认为，这是“带有明显区别于资本主义以及以往任何社会形态的社会追求，这必然会得到最广大人民的认同，从而使社会向前发展，这是价值取向上的制度优越性”，而实现共同富裕“依赖于工具取向与价值取向的结合”，在生产力发展的情况下，需要借助制度安排来实现共同富裕[②]。这里的制度安排就是，不能完全依照按劳分配原则来分配消费资料，而是需要在按劳分配原则之外设计多种分配制度。

为此，面对改革开放之后国民收入差距拉大的局面，中央提出了收入分配体制改革的总体思路：完善按劳分配为主体、多种分配方式并存的分配制度，坚持各种生产要素按贡献参与分配，尤其是在经济发展的基础上，“要更加注重社会公平，使全体人民共享改革发展成果”。按劳分配不是消费品分配的唯一原则，每一个人的劳动能力不一样，体力、智力及劳动熟练程度各不相同，如果按照劳动数量及质量进行分配，仍然会造成不平等的状况。因此，需要借助其他分配方式，尤其是将生产要素按贡献参与分配。党的十八届三中全会提出“健全资本、知识、技术、管理等由要素市场决定的报酬机制”，承认生产要素在社会财富创造中的贡献，并允许它们参与收入分配，这是收入分配理论的一个重大突破[③]。

---

① 邓小平文选（第三册）[M]. 北京：人民出版社，1993：111、364.

② 杨新铭. 社会主义本质中的价值取向与工具取向 [C]. 王立胜、裴长洪主编. 中国特色社会主义政治经济学探索 [M]. 北京：中国社会科学出版社，2016：191-203.

③ 王立胜. 中国特色社会主义政治经济学的历史逻辑 [J]. 政治经济学评论，2016（4）.

二、卷土重来的计件工资制

经济改革从物质利益刺激起步。在激励机制的设计方面，改革开放初期的国营企业主要是赓续传统，重新推行计件工资制和奖金制。具体做法大体延续了20世纪60年代的实践探索，也进行了部分制度的调整，尤其是将计件工资和奖金发放与企业的经济效益挂钩，职工收入不仅取决于个人的劳动贡献，更是由企业总体的生产绩效来决定，这使得职工从整体利益上关心企业的生产经营活动，有利于促进整个国民经济的发展。

借助学界与政界对僵化的按劳分配原则的反思风潮，计件工资制重新得到了正面评价。1977年8月，苏绍智和冯兰瑞合作撰写的《驳姚文元按劳分配产生资产阶级的谬论》发表，驳斥了“按劳分配 = 资产阶级法权 = 产生资产阶级的经济基础”的公式。1978年5月6日，《人民日报》发表评论员文章《贯彻执行按劳分配的社会主义原则》，提出按劳分配是客观经济规律，是由生产资料的社会主义公有制和社会主义阶段的社会生产力发展水平以及人们的思想境界的状况所决定的，按照劳动来分配消费品是社会主义阶段所特有的原则，也是这一阶段最能促进社会生产发展的分配方式。文章还强调，按劳分配所体现的个人物质利益是与整体利益相一致的，否定物质利益而谈阶级利益就是一句空话，由于社会主义阶段劳动还是个人谋生手段，因此职工从个人物质利益上关心个人的劳动成果是必然的。计件工资制同计时工资制一样，都是实现按劳分配原则的行之有效的报酬形式①。

1978年5月，国务院发布《关于实行奖励和计件工资制度的通知》，提出要在经过整顿、领导班子强、供产销正常、生产任务饱满、管理制度比较健全、定额统计验收等基础工作搞得比较好、经济技术指标比较先进的企业进

① 贯彻执行按劳分配的社会主义原则［N］. 人民日报，1978年5月6日.

行奖励和计件工资制的试点，以试行奖励制度为主，少数笨重体力劳动和手工操作的工种试行有条件的计件工资制。9 月 23 日，中共中央发出《关于做好改革工资制度调查研究工作的通知》，提出我国的工资制度必须进行一次大的改革，要坚持贯彻执行不劳动者不得食，各尽所能、按劳分配的原则，工资形式以计时工资为主、计件工资为辅，要把劳动报酬同个人和集体的劳动成果直接联系起来。1980 年 4 月，由国家计委、国家经委和国家劳动总局联合发布的《国营企业计件工资暂行办法（草案）》进一步说明，计件工资制的实行，目的是贯彻执行按劳分配原则，调动广大职工的劳动积极性，提高劳动生产率，以利于加速社会主义生产建设的发展。相关文件还对计件工资制的实施条件、定额制定的要求、计件单价的计算方法、集体计件的分配方式等做了详细规定。1981 年 1 月，国务院颁布《关于正确实行奖励制度、坚决制止滥发奖金的几项规定》，要求实行计件工资制的职工，除特定的节约奖之外，不再实行经常性的生产奖。在生产正常、任务饱满、管理健全、定额先进和适宜计件的企业，尽可能实行计件工资，不发奖金[①]。

计件工资制的再度推行，首要条件是建立定额的有效管理。1978 年 4 月，中共中央在《关于加快工业发展若干问题的决定（草案）》中规定，所有企业都要做好编制定员和劳动定额工作，提高劳动生产率，并推动在企业中进行定额试点工作，将全面制定和修订劳动定额、提高定额水平作为试点工作的重心，没有先进合理的劳动定额，就不能实行计件工资制。所谓定额水平的先进合理，指的是把同类企业已经达到的先进水平作为制定标准的主要依据，新定额实行后，不能马上就有多数人达到或超过，而要经过几个月，有 70%~80% 的工人达到或者超过，便算是符合条件的定额。在制定和修订劳动定额时，要充分考虑技术操作、设备工具、劳动组织等各类因素，并确立

① 国家体改委办公厅．十一届三中全会以来经济体制改革重要文件汇编（中卷）[M]．北京：改革出版社，1990：656.

质量标准，合理确定工时[①]。在加强定额管理的过程中，一些企业开始运用现代科学方法，如采用电子计算机、录像技术，测算工人的操作程序和动作要素并进行分析研究，以此作为制定工序的标准，使定额管理水平达到一个新高度。

即使高层领导明确提出对物质激励的措施表示支持，然而在操作层面，不少地方和企业仍然表现出相对谨慎的态度，认为实行物质激励和计件工资制的做法是“金钱挂帅”，不利于提高思想觉悟，还有人提出“过去奖金发多了，发乱了，不能再乱发奖金了，应该尽量控制货币的流通量”，“要生产上去，不能靠发奖金来刺激，应当主要靠思想政治工作，过去推倒‘三座大山’，几百万同志为革命献身，他们得了多少奖金”？针对这些反对意见，有官员回应称，发奖金、搞计件和为革命献身是不同范畴的两回事，绝不能混为一谈，现在全国的工作重心是经济建设，就应该用经济办法来推动经济事业的发展，体现按劳分配的原则[②]。

时任国家劳动总局局长康永和撰文指出，工资是消费品的分配形式，分配形式的好坏要以是否能够促进生产力为标准，在社会主义初级阶段，实行计件工资制是体现各尽所能、按劳分配原则的比较好的一种工资分配形式。实行计件工资制，使职工的工资收入与劳动贡献直接挂钩，多劳多得，少劳少得，既能提高劳动生产率，又能在经济效益提高的基础上增加职工收入，因此，计件工资实际上是一种效益工资，与不管生产情况、经济效益好坏，只按人头计发工资、劳酬，单纯解决生活问题的大锅饭式平均主义工资分配方式有着本质的区别。从体现按劳分配的原则来看，计件工资比计时工资要强得多也好得多[③]。

在这种观念的影响下，计件工资制在国营企业又一次得到广泛实行。

---

① 何光 . 当代中国的劳动力管理［M］. 北京：中国社会科学出版社，1990：261-263.

② 倪志福 . 当代中国工人阶级和工会运动（上）［M］. 北京：中国社会科学出版社，1990：254.

③ 康永和 . 关于推行计件工资制的几个问题［N］. 工人日报，1981 年 8 月 12 日 .

1978年底，全国已有9000多家国营企业参与试点。1980年，计件工人总数占比为3.7%。从1981至1983年，国营企业中计件工资比重从6.7%上升至16%[①]。在1990年前后，有40%以上的国企工人按件取酬[②]。此时所实行的计件工资制多数还是“半计件工资制”，“即把工人的基本工资的一部分（占20%、30%、40%、50%不等）与上级核定的奖金总额合并作为计件工资基金使用，对工人实行按件计酬”[③]，这一制度被认为是“摆脱平均主义羁绊、发挥生产潜力、提高经济效果的必由之路”[④]。从实施情况来看，如上海第二皮鞋厂实行半计件工资制之后，产量迅速增长了15.5%，人均月产量增长26%，工时利用率也相应提高，从全工段个人达到工时定额标准的62%上升至93.75%，全工段平均超产43.3%。上海地毯总厂一分厂试行之后，平均每个工人的月实际生产量提高41.2%，每月增加收入19.18元[⑤]。上海宝山钢铁总厂实行半计件工资制，“多干多拿、少干少拿”，工人的劳动生产率连年保持15%左右的增长[⑥]。总之，半计件工资制“易于被工人接受，实行的效果很好”[⑦]。

对于计件工资制的实行，有关部门也提出了具体的指导意见。在1980年颁布的《国营企业计件工资暂行办法（草案）》中，表示“在保持劳动定额先进合理的前提下，可不限制工人的计件超额工资”。而在1981年11月国务院批转的《关于实行工业生产经济责任制若干问题的暂行规定》中，要求对计件工资制的实施进行总结、整顿和调整，凡是没有经过主管部门批准，或是降低了产品质量、提高了成本、增加了单位产品成本中的工资含量且不与最

---

① 庄启东，等．新中国工资史稿［M］．北京：中国财政经济出版社，1986：172.

② 林盼．工资制度的工具取向与价值取向——一项基于计件工资制的比较研究［J］．齐鲁学刊，2018（2）.

③ 童源轼、钱世明．上海市企业内部奖金分配问题的探讨［J］．社会科学，1981（6）.

④ 束金中．略论分配领域中的平均主义［J］．社会科学，1983（4）.

⑤ 胡野鹤、郑大镇．上海地毯总厂第一分厂两个车间试行计件工资的调查［J］．上海经济研究，1981（11）.

⑥ 孙迪鹏．深化劳动工资改革是从内部搞活大中企业的重要措施［J］．上海经济研究，1991（5）.

⑦ 朱长丹、李珺．价值规律和按劳分配［J］．学术界，1988（4）.

终产品挂钩，造成生产不均衡、产品不配套、完不成全厂生产任务的，要停止实行计件工资制，整顿好了才能再推行。另外，鉴于多数企业劳动定额不准，一般计件的超额工资应当限制在企业平均标准工资的30%以内。实行超额计件、完不成定额的，应适当扣发基本工资①。这些条文力求对计件工资制实行过程中重数量不重质量的现象进行规范限制，但在实际推行中，即使有工人未能达到定额，一般也能够拿到相应收入。

推动物质激励固然产生了较好的推动效果，但之前出现的一些问题，如计件工资额过高、奖金发放过多等现象再度出现，“随意扩大奖金范围，提高奖金标准或奖金率，乱搞岗位津贴，乱发附加工资和劳动用品”，还出现互相攀比的情况，“就高不就低”。1979年企业利润留成制改革后，国营企业的职工奖金不再按劳动部门规定的按工资总额的一定比例提取，而是按财政部门核定的企业留利中的奖励基金开支，规定企业可以根据经济效益按比例调整工资总额，打破了企业在奖金上吃国家“大锅饭”的局面。这些做法产生了较好的激励效果，但也由于信息不对称，约束机制极难规范，出现了企业为扩大自销比例而压低计划指标、不完成调拨任务和财政上缴任务等状况，形成“内部人”控制、工资侵蚀利润及行为短期化等问题。为此，有关部门颁布制止滥发奖金和津贴的紧急通知，要求给职工发奖金、津贴必须严格执行国务院下达的有关文件以及国家计委、财政部、劳动总局做出的有关规定；凡是未经中央、国务院明文批准，自作主张，滥发奖金、实物等，应迅速改正过来，坚决克服由于滥发奖金减少盈利甚至发生亏损的不合理现象，不能靠发奖金和津贴变相地提高工资②。

① 国家体改委办公厅．十一届三中全会以来经济体制改革重要文件汇编（上卷）［M］．北京：改革出版社，1990：288.

② 严忠勤．当代中国的职工工资福利和社会保险［M］．北京：社会科学文献出版社，1987：108.

三、个人奖金与整体效益挂钩：物质激励措施的新方向

20世纪50年代形成的工资管理体制，主要问题是中央统得过多，地方机动性太小，几乎所有的有关工资政策的规定都由中央部门统一制定，甚至职工调资升级也都要由国家统一部署。企业一般无权根据职工个人的技术提高和劳动贡献进行择优升级，干好干坏一个样，工资奖金照付。“贡献大的人少得收入，贡献小的人侵占了他人的收入……最终的结果不是劳动者对劳动贡献的互相攀比而是拉平，使能者不愿多劳，懒者满足现状”，更使职工不关心劳动行为的后果，不关心企业的经营状况[①]。

为了解决这些问题，改革开放之后，中央陆续出台了多项文件，重点是使工资和奖金随企业发展起伏而涨落，将个人的劳动所得与企业的整体效益相挂钩，从而使职工关心企业发展，形成竞争机制。1981年1月，国务院颁布《关于正确实行奖励制度、坚决制止滥发奖金的几项规定》，要求所有国营企业必须在完成和超额完成国家计划规定的产量、质量、利润、供货合同等主要经济技术指标的条件下才能提取和发放奖金，全年发放的奖金总额须控制在所属企业实行奖励制度职工的一至两个月标准工资总额之内；一个企业全年发放各种奖金的最高额，一般不得超过本企业职工两个月标准工资总额；个别企业各项经济技术指标完成得好、贡献特别大的，可以多发一些，但最多不得超过三个月标准工资总额。同时，对广大干部和职工进行政治教育，发扬大公无私、先人后己、勤俭节约、艰苦奋斗的革命精神，把荣誉奖励和物质激励结合起来。1982年7月，多部门在联合发布的加强奖金管理、严控奖金发放的通知中更是具体要求：生产经营情况和经济效益次于上年的，奖金的发放水平必须低于上年；完成计划差、经济效益差的，奖金限额必须相

① 左中海. 中国市场经济的所有制基础及其实现［M］. 西安：西北大学出版社，1993：185-200.

应核减，直至不发奖金；违反规定多发乱发奖金的，多发乱发的部分必须核减和清退[①]。这三个“必须”，从一个侧面反映出之前的遏制奖金多发的政策并未取得应有效果。而且，虽然对奖金发放进行限额的做法控制了奖金滥发超发现象，但也影响了职工和企业的积极性，有的职工表示“干得多也没钱，不如少干”。

1983年4月，国务院批转劳动人事部《关于一九八三年企业调整工资和改革工资制度问题的报告》，对工资制度进行重大调整，主要内容是按照“两挂钩”“调改结合”的方针将工资发放同企业的经济效益挂钩，与职工个人的劳动成果挂钩。经济效益好即完成当年应缴纳的税金或上缴利润计划（包括减亏计划）和其他主要经济技术指标的企业，可以调整工资（也就是给予职工一定的工资增长幅度，一般每人每月增加3.5元）；反之，经济效益差、管理混乱、发生经营性亏损的企业，则不允许调整工资。另外，经济效益好的企业，除了按照国家分配的增资指标使用外，还可以从企业自有资金中拿出一部分进行发放[②]。自此之后，企业生产的发展和职工物质利益直接发生关联，根据不同行业、不同企业的真体情况，确定不同的留成比例，并力求企业之间拉开差距。发给职工的奖金都从奖励基金中开支，同时允许企业职工奖励基金较多的，可以留作今后“以丰补歉”。另外，厂长还获得权力，批准给有特殊贡献的职工晋级，每年的晋级面从1%增加到3%[③]。

与此同时，国家开始在企业层面推行“利改税”，规定职工奖励基金占企业留利的比例，由财政部与各省市、各企业主管部门商定，并由各省市、各部门层层核定到企业，一般20%用于职工集体福利，30%用于职工奖励。

---

① 国家体改委办公厅．十一届三中全会以来经济体制改革重要文件汇编（中卷）[M]．北京：改革出版社，1990：658-674.

② 国家体改委办公厅．十一届三中全会以来经济体制改革重要文件汇编（中卷）[M]．北京：改革出版社，1990：685.

③ 国家体改委办公厅．十一届三中全会以来经济体制改革重要文件汇编（上卷）[M]．北京：改革出版社，1990：344.

1984 年，国务院发布《关于国营企业发放奖金有关问题的通知》，更加明确了国家与企业之间的分配关系和企业对国家的经济责任；规定企业奖金发放要同经济效益挂钩，企业在全面完成国家计划、税利增加的前提下，发放奖金可以不“封顶”，税利比上年增长的，奖金可以适当增加；未完成国家计划、税利比上年减少的，奖金要适当减发或停发。企业有权自主决定奖励基金如何使用以完成国家计划，国家对企业主要是控制工资总额（包括奖金），企业内部使用奖金的形式由企业根据具体情况自行决定，可以采取计件超额工资、浮动工资、记分发奖、岗位津贴等；也可以少发奖金，给一部分职工浮动升级；或者搞工资改革，结合企业具体情况确定升级面和升级办法。为了从宏观上控制消费基金过快增长，在取消奖金封顶的同时，实行“奖金不封顶，征收奖金税”的政策。根据规定，奖金额在两个半月工资额以内的免税，四个月工资额以内的征收 30% 的税，六个月工资额以内的征收 100% 的税，超过半年工资额的征收 300% 的税①。

1985 年 1 月，国务院印发《关于国营企业工资改革问题的通知》，要求将企业工资总额同经济效益挂钩。由政府部门核定企业工资总额基数、经济效益基数和挂钩浮动比例，将企业工资总额增长与企业的经济效益增长联系起来，以此管理企业的年度工资总额，国家不再统一安排企业职工的工资改革和工资调整。通知规定企业工资总额同经济效益挂钩的浮动比例，一般上缴税利总额增长 1%，工资总额增长 0.3%~0.7%，某些特殊行业和地区可以超过 0.7%，但不得超过 1%。直至 1989 年，劳动部、财政部、国家计委发布《关于进一步改进和完善企业工资总额同经济效益挂钩的意见》，对企业工资实行分级管理体制，即国家对地区（指省、自治区、直辖市、计划单列市）和部门实行全地区全部门企业工资总额同经济效益总挂钩，总挂钩的工资总额基数、经济效益指标和基数、浮动的总比例由劳动部、财政部、国家计委核定；

① 黄速建、贺俊 . 中国国有企业 40 年：制度变迁与行为演化［M］. 北京：经济管理出版社，2019：267.

地区和部门在国家核定的基数和浮动比例范围内，可根据实际情况确定对不同企业实行不同的工资分配办法，审批其挂钩的形式、基数和比例。意见明确要求，今后企业主要靠提高经济效益给职工增加工资，企业按比例提取的效益工资在使用时要适当留有结余，保持“以丰补歉”的工资储备金，工资增长超过一定幅度的要缴纳工资调节税[①]。

总体而言，改革开放最初十年，国家从制度层面进行了全新探索，主要方向是扩大企业自主性，将个人的奖金收入与企业整体的经济效益挂钩，以此调动职工的积极性，“职工的报酬和贡献有了联系，或者岗位和表现有了联系，就有了动力和压力来改进经营管理，企业就会有效率”[②]。同时采取分级管理的策略，将企业的工资总额逐步归口到具体地区或部门，由地区或部门核定企业的经济效益，给予发放工资和奖金的依据。这种“放权让利”式的改革，让企业掌握一定的生产自主权，开始成为独立的利益主体，企业和职工的积极性都有所提高。奖金与企业利润留成挂钩，工资与企业经营效益挂钩，使企业在劳动用工、利润分配等方面拥有一定程度的自主权，着眼于在用工、人事和分配制度上引进竞争机制，调动职工积极性，增强企业活力。是实行计件工资制还是计时工资制，工资制度是实行等级制还是岗位工资制、结构工资制，是否建立津贴、补贴等制度，均由企业根据情况自行决定。企业还可以留有少量奖金，用以奖励在生产方面贡献突出、有技术革命和发明创造的职工。

当然，上述改革的举措仍然存在诸多问题。在一些学者看来，这种管理方式还是“卡得太死了”，企业无法根据劳动好坏及时调整职工工资，尤其是在价格没有理顺的情况下，“会造成企业间的苦乐不均、相互攀比并导致工资

---

① 国家体改委办公厅．十一届三中全会以来经济体制改革重要文件汇编（中卷）［M］．北京：改革出版社，1990：727.

② 黄速建、贺俊．中国国有企业 40 年：制度变迁与行为演化［M］．北京：经济管理出版社，2019：263–270.

总水平的失控”，进而出现所谓“工资侵蚀利润”，即职工平均工资增长幅度超过了劳动生产率提高幅度的现象[①]。同时，将工资收入与企业效益挂钩的做法，在一定程度上起到了抑制奖金过度发放的情况。但从一些资料来看，奖金、补贴发放过多的局面仍然没有根本改善，从1978年到1985年，一些职工所获的奖金和计件超额工资增长了三倍[②]。一些企业为了规避管控风险，将发放物品从现金转为实物，导致消费基金猛增。而且此时的国营企业还不是自主经营、自负盈亏、自担风险、自我约束、自我发展的市场主体，由于“软预算约束”的存在，企业存在“难以满足的投资饥渴症”，即使面临资金难关，也可以要求上级部门通过追加贷款、减免税收、获得补贴或提高销售价格等方式帮助它渡过困境[③]。无论各种“紧急通知”如何三令五申地要求制止乱发奖金补贴，严格按照国家现行规定办理浮动升级、晋级调资等，奖金和计件超额工资仍然成倍增长。

另外，尽管部分工作绩效较为出众的职工获得奖金或补贴，但从整体来看，多数职工仍然领着“铁工资”，抱着“铁饭碗”，始终无法提振对工作的积极性，出现了所谓的“集体懈怠”现象。长期生活在“单位制”的体制之下，职工没有自主的生存意识，也不需要承担任何风险。大量冗员导致国营企业用人成本居高不下，严重影响了企业的生产效率。如果职工的就业仍有“铁饭碗”的保障，缺乏市场压力，仍然无法形成提高劳动生产率的动力。因此，从20世纪80年代后期开始，改革的重点转移到通过劳动合同制、下岗分流、竞争上岗等方法构成“职工能进能出、工资能上能下”的格局，增强职工的竞争意识。1986年，国务院发布《国营企业实行劳动合同制暂行规定》，规定原有职工保留固定工身份，新职工则签订劳动合同，合同期满后，企业可根据实际需要延续或终止合同。企业和职工之间的关系采用经济契约

---

① 戴园晨、黎汉明.工资侵蚀利润——中国经济体制改革中的潜在危险［J］.经济研究，1988（6）.
② 严忠勤.当代中国的职工工资福利和社会保险［M］.北京：社会科学文献出版社，1987：109.
③ 科尔奈.社会主义体制：共产主义政治经济学［M］.北京：中央编译出版社，2007：153.

来规范和约束。20 世纪 90 年代，国企基本完成全员劳动合同制，或者先订立合同再竞争上岗，或者先竞争上岗再签订合同。这种做法对于克服企业工资分配中的平均主义和“大锅饭”弊病、激励工人投入生产起到了重要的推动作用。

改革开放之后，中央针对国企的激励制度改革，重点放在国企工资总额的确定和增长与劳动力市场相适应，与经济效益和劳动生产率相挂钩，统筹考虑一揽子因素，合理确定工资总额，使之更加符合市场经济规律和企业发展规律。劳动、人事和分配制度改革是提高经营效益、增强国企活力的重要内容。国企的改革重点集中在放开企业工资水平决定权，企业也逐步将市场要素作为工资决定的重要依据，形成了市场、企业效益和发展目标共同决定工资水平的机制，强化市场价格信号对企业工资决定的导向作用。无论是建立奖励工资、计件超额发工资，还是通过利改税的方式将个人收入与企业效益挂钩，都是极为有益的尝试，堪称过去 70 多年间工资调整最为活跃的时期，这些实践与探索为接下来的企业管理与激励方式改革提供了宝贵经验。

四、新激励工具的使用：承包制与股份制

1978 年之后开始的国企产权制度改革，出发点是为了应对改革开放初期所出现的一系列危机：在高度集中的计划经济体制下，企业的生产计划由国家统一下达，生产资料统一调拨，所生产出的产品统购统销，企业财务统一收支，并实行“铁饭碗”的劳动力管理与“大锅饭”的收入分配制度，企业与个人的积极性受到极大抑制，经济效益非常不理想。从 1956 年到 1977 年，国家投资形成的企业固定资产原值增长 9.2 倍，国营企业利润总额只增长 5.5 倍，利润和税金总额增长 6.3 倍，整个国有部门提供的财政收入增长 2.5 倍，体现出投入产出不匹配，效益状况不理想等问题[①]。

① 中国统计年鉴（1983）[M].北京：中国统计出版社，1983：215.

不冲破僵化体制的束缚，企业的生机活力就难以发挥，国民经济发展就会受到极大抑制。党的十一届三中全会的会议公报中指出，经济管理体制的一个严重缺陷就是权力过于集中，应该大胆下放，让地方和企业有更多的经营管理自主权。中央提出“搁置存量，增量改革”的思路，在尽可能不改变企业原有体制模式的前提下，通过以“简政放权、减税让利”为特征的改革方式，放松对企业的集中管理，采取扩大生产和经营自主权、企业利润留成和利润比例分成制、利改税、企业承包制等措施，对企业的经营积极性和职工的劳动积极性提供有效激励，提高全要素生产率。1978 年 9 月，李先念在国务院会议上讲话，指出“要给予各企业以必要的独立地位，使它们能够根据经济本身的需要，自动地而不是被动地履行经济核算，降低经济消耗，提高劳动生产率和资金利润率，提高综合经济效果”[①]。

1979 年 2 月 12 日，中共四川省委在总结宁江机床厂、重庆钢铁公司等 6 家企业扩大自主权试点经验的基础上，制定《关于扩大企业权利，加快生产建设步伐的试点意见》，提出要使企业拥有利润提留权、扩大再生产权、联合经营权、外汇分成权、灵活使用奖金权。文件要求把企业的责权利结合起来，把国家、集体、个人三者利益结合起来，并且决定扩大试点范围，在 100 家企业中进行扩权试点。4 月 13 至 20 日，国家经委召集北京内燃机总厂、首都钢铁公司、北京清河毛纺厂、上海汽轮机厂、上海柴油机厂、上海彭浦机器厂、天津动力机厂、天津自行车厂等 8 家企业和有关部门负责人在北京召开座谈会，讨论企业管理体制改革问题，决定进行扩大经营管理自主权的改革试点，允许它们在完成国家计划的前提下，根据市场需要安排生产，并在人、财、物方面拥有相应的自主权，例如，在增收的基础上，合理使用利润留成，进行奖金分配[②]。7 月 13 日，国务院将《关于扩大国营工业企业经营管理自主权的若干规定》《关于国营企业实行利润留成的规定》等 5 个文件下发各省、

① 周太和 . 当代中国的经济体制改革［M］. 北京：中国社会科学出版社，1984：164.

② 孔繁轲 . 中国共产党道路创新史［M］. 山东：山东人民出版社，2015：250.

自治区、直辖市和有关部门，要求在少数国营企业组织试点，允许企业实行利润留成；提高固定资产折旧率；在保证完成国家计划的前提下，企业可制订补充计划，自行销售产品；有权设置内部机构，任免中层以下干部；等等。目的是改革现行管理体制，调动企业和职工的积极性，搞活生产。1979 年底，试点企业增加到 4200 个，1980 年又发展到 6000 多个，约占全国预算内工业企业数的 16%，产值的 60%，利润的 70%[①]。利润留成的落实情况较好，但在物质利益的驱动下，部分企业为了减少利润上缴，甚至开始虚构成本，在利润留成中出现的基数确认、核定成本高昂等问题直接影响了企业的发展，难以形成持久激励[②]。

随着改革的深入，不可避免地触及国企的产权问题，尤其是在以承包制、租赁制为主的经营责任制逐步建立之后，预示着国企开始从行政机构的附属角色向商品生产者转变。1980 年 9 月 2 日，国务院批转国家经委《关于扩大企业自主权试点工作情况和今后意见的报告》，全面推行在国企中扩大企业自主权的工作，使企业在人、财、物、产、供、销等方面拥有了更大的自主权。1984 年 5 月 10 日，国务院发出《关于进一步扩大国营工业企业自主权的暂行规定》，进一步下放了生产经营计划、产品销售、产品价格、物资设备、人事劳动管理、工资奖金、联合经营等 10 个方面的权力。尤其是 1986 年国务院颁布了《关于深化企业改革增强企业活力的若干规定》，要求推行多种形式的承包经营责任制，给经营者充分的经营自主权。对于不同行业和企业采取灵活合理的经营方式，大中型企业可以推行承包经营责任制，小型企业除了进行承包经营责任制、租赁制的制度尝试之外，还可以试行股份制。

承包经营责任制是在不改变企业所有权的前提下，由企业经营者和政府

① 魏杰．资产重组与股份化——国有企业改革的两大突破点［M］．河北：河北人民出版社，1998：54.

② 黄速建、贺俊．中国国有企业 40 年：制度变迁与行为演化［M］．北京：经济管理出版社，2019：135.

主管部门通过合同的形式将国家和企业的责任、义务以及双方之间的利益分配关系加以确立，约定在一个承包的期限内上缴利税的基数，或者按照基数每年增长的幅度，企业完成上缴基数之后，剩余的部分可由企业留存，用以扩大再生产或发放职工作为福利。确立承包关系之后，企业即可自主决定生产活动，“必须生产什么，如何组织生产，必须把产品销售给谁，这些重要的方面，都是厂长自主决策的领域”[①]。通过改革企业内部的分配方式，以利润留成为基础，依据多劳多得的原则改变平均主义的分配体制，实现对企业管理层的有效激励。

1986 年 12 月，国务院发出《关于深化企业改革增强企业活力的若干规定》，提出要推行多种形式的承包经营责任制，给经营者充分的经营自主权。1987 年召开的全国人大六届五次会议上再次肯定了承包经营责任制的经营形式，并提出改革的重点要放在完善企业经营机制上，“根据所有权与经营权适当分离的原则，认真实行多种形式的承包经营责任制”[②]。1988 年 3 月，国务院颁布《全民所有制工业企业承包经营责任制暂行条例》，确定承包经营责任制的主要内容是包上交国家利润，包完成技术改造任务，实行工资总额与经济效益挂钩；规定按照“包死基数，确保上交，超收多留，欠收自补”的承包经营原则，明确国家与企业的分配关系；具体说明承包形式包括“上交利润递增包干”“上交利润基数包干，超收分成”“微利企业上交利润定额包干”“亏损企业减亏（补贴）包干”“国家批准的其他形式”五种[③]。

承包经营改革的主要措施是实行厂长（经理）责任制，并同步推行承包经营责任制，对小型国营企业实行租赁经营，并在少数有条件的全民所有制大中型企业中实施股份制改造和企业集团化的改革试点，旨在使企业成为自

---

① 刘世定．占有制度的三个维度及占有认定机制：以乡镇企业为例［C］．中国社会科学院社会学研究所．中国社会学（第 5 卷）［M］．上海：上海人民出版社，2006：5-10.

② 迟福林．伟大的历程 中国改革开放 40 年实录［M］．广东：广东经济出版社，2018：124.

③ 国家体改委办公厅．十一届三中全会以来经济体制改革重要文件汇编（上卷）［M］．北京：改革出版社，1990：437.

主经营、自负盈亏的主体，国营企业遂纷纷与国家签订承包经营合同，确定政企之间的权责利关系①。与之前的放权让利相比，承包经营责任制由承包上交利润变成承包多项投入产出指标，对企业管理者的激励效果更为明显②。

1988年底，实行承包经营责任制的国营工业企业达到95%。与此同时，国有小型企业大量推行租赁制，到了1987年底，在88000个国有小型企业之中，实行租赁经营、承包经营和转让经营的达到40000个以上，占总量的46%。在实行承包经营责任制的国营企业中，约30%的承包经营者是通过公开招标选聘的③。1991年1月25日，《人民日报》报道：全国80%的国营企业如期完成第一轮承包合同。在1987年开始的国营企业第一轮承包期间，国家财政收入平均每年增加200多亿元，其中90%是实行承包的企业提供的。1988年底，在全面推行承包经营责任制近两年之后，全国预算内工业企业增创利税369亿元，相当于1981—1986年企业所创利税的总和④。第二轮承包按"大稳定、小调整"的方针，改变了上一轮承包以上年或前几年平均数作为承包基数的做法，采用资金利用率计算法、效益平均法、基数滚动法等灵活多样的方式确定承包基数，既保证国家财政收入，又利于搞活企业。为改变承包者的短期行为，新的承包合同书上都明确了以利润为主的效益指标、以技术改造为主的企业后劲指标、以提高企业素质为主的企业管理指标，进一步强化了企业约束机制⑤。

承包经营责任制的推行在一定程度上调动了企业与职工的积极性，尤其是多家企业针对经营者与职工的矛盾，健全了职工民主测评、分配公开和民主审议的制度，并达成经营者与职工代表大会互相监督、互相激励的"双保

① 魏成龙，等.国有大型企业的现代企业制度建设问题研究［M］.北京：中国经济出版社，2013：62.

② 黄群慧."新国企"是怎样炼成的——中国国有企业改革40年回顾［J］.中国经济学人（英文版），2018(1).

③ 汪海波.中国国有企业改革的实践进程（1979—2003）［J］.中国经济史研究，2005（3）.

④ 邵宁.国有企业改革实录（1998—2008）［M］.北京：经济科学出版社，2015：21-22.

⑤ 辛迪诚.中国国有企业改革编年史（1978—2005）［M］.北京：中国工人出版社，2006：109.

合同”，形成了风险共担、利益共享、合力经营的“利益共同体”。不少企业为了落实承包经营责任制，明确岗位责任，优化劳动组织，推进劳动制度改革，遵照“先科室，后车间”“先干部，后工人”“先二三线，后一线”的原则进行组合，采取层层招聘选聘、自由自愿组合或“兵选将、将点兵”的形式，将工效业绩向下发包，促使职工收入同企业效益捆绑在一起，进一步打破“大锅饭”。

但是，“一包”并不“全灵”。由于国家缺少必要的手段监管企业经营者，且没有配以相应的约束制度，导致企业承包人负盈不负亏，作为发包方的政府主管部门，即使对企业的生产经营管理十分熟悉，也不可能对行业内不同类型、不同条件的企业状况了如指掌，“由于政府与企业之间信息不对称，在签订承包合同、确定承包基数时，企业就有了因操纵信息而获得额外利益的讨价还价能力，企业可以利用信息优势来谋求最大的分配利润”[①]，以至于出现接下来数年的投资过热现象。同时，由于承包合同不可能是完全合约，财产权利边界不清晰，企业经营者一般不对长期发展进行规划，而是注重短期行为膨胀，追求收入最大化，“完成了承包任务的企业，剩余资金不是用在设备更新改造、技术开发等生产经营方面，而是花光、吃光、分光”，甚至掠夺性使用国有资产，承包经营责任制把部分剩余控制权和剩余索取权交给承包者以后，使企业的产权界定变得更加模糊，发包方与承包方的利益冲突加剧，双方互相侵权的行为时常发生[②]。此外，承包制还影响了企业间的合作，每个生产单位都被分割，引发了部门之间、分厂之间、总厂与分厂之间的利益冲突，严重干扰了企业集约化、规模化的生产组织形式，不利于企业持续健康发展。

从本质上说，承包经营责任制是此前扩权让利的自然延伸，在旧的计划经济框架未发生根本变化的情况下，必然存在着一系列无法摆脱的体制缺陷。

---

① 张军．改变中国：经济学家的改革记述［M］．上海：上海人民教育出版社，2019：309.

② 严伟．思考国有企业［M］．辽宁：辽宁人民出版社，2007：24-26.

譬如仍然存在着企业对政府的行政依附关系，在人事任免、资产处理、收益分配等方面依然受制于政府的行政支配，无法进一步激发经营活力。因此，即使采取了招标承包、风险抵押承包、完善承包指标等措施，也很难改变此阶段改革所出现的边际效益逐步递减态势[①]。仅仅通过"放权让利"式的初步改革，只能停留在对原有体制细枝末节的"小修小补"上，无法根本改变国企从属于行政部门的局面，资源配置仍然是在计划经济体制的框架内进行，谁都可以对企业指手画脚，谁又都不负具体责任，产权不清导致权责不明。1993年9月，江泽民同志在讲话中表示，"深化国有企业改革，必须由以放权让利为主的政策，调整转为企业制度的创新，以探索出一条公有制与市场经济相结合的有效途径，进一步解放和发展生产力"[②]。要使国企成为完全意义上的市场主体，就必须推进更为彻底的、深层次的企业改革，向产权管理制度"动刀子"。

从经营权向所有权的改革是国有企业改革过程中的一个关键节点。而在建立现代企业制度的过程中，股份制成为多方共识。但要实现股份的多元化，必须首先打破国有独资的股权结构，由此触动了国企的产权改革。一旦涉及所有权问题，诸如"姓社姓资""姓公姓私"之类的责问就会出现，所以，股份制试点最初被限制在很小的范围内。1991年制定的"八五"规划中提到，"企业经营机制转变的目标是实行政企职责分开，所有权和经营权适当分离，探索公有制的多种有效实现形式，建立富有活力的国营企业管理体制和运行机制"[③]。

1992年，国务院颁布《股份制企业试点办法》，引导股份制试点走向规范化。1993年，中共中央《关于建立社会主义市场经济体制若干问题的决定》提出，发展一批以公有制为主体的大型企业集团，一般小型国有企业可以实

① 周叔莲.20年中国国有企业改革经验的理论分析［J］.中国社会科学院研究生院学报，2000（3）.
② 江泽民.论社会主义市场经济［M］.北京：中央文献出版社，2006：133-134.
③ 陈清泰.国有企业改革与公司治理［J］.南开管理评论，2009（5）.

行承包经营、租赁经营，或改组为股份合作制，甚至可以出售给集体或个人，产权改革得到政策确认。党的十五届四中全会又进一步明确，要以市场和产业政策为导向，采取改组、联合、兼并、股份合作制、租赁、承包经营和出售等形式，加快国有中小企业改革改组步伐。2002 年召开的党的十六大报告指出，要继续调整国有经济的布局和结构，深化国有企业改革，除极少数必须由国家独资经营的企业外，积极推行股份制，发展混合所有制经济。2003 年召开的党的十六届三中全会进一步指出，要适应经济市场化不断发展的趋势，进一步增强公有制经济的活力，大力发展国有资本、集体资本和非公有资本等参股的混合所有制经济，实现投资主体多元化，使股份制成为公有制的主要实现形式。

国企的股份制改革意义十分重大。国有企业与计划经济体制原本属于互相绑定的关系，改革开放初期，为了能够提高国企的生产效率，中央一方面不断提出新思路，如“计划经济为主、市场调节为辅”“有计划的商品经济”，试图削弱改革开放的意识形态阻碍；另一方面倡导放权让利，管制松动，给予国企更多的经营主导权。但是，随着社会主义市场经济体制的逐步建立，政资不分、政企不分、所有权和经营权不分的问题成为国企进一步发展的巨大障碍。要让企业成为独立的市场主体，必须要建立现代企业产权制度，使企业享有民事权利资质、承担民事责任能力。在这一组织框架之内，政府权力从原来直接管制的微观管理领域逐渐退出，转向宏观控制与间接管理，政府定位由支配型向服务型转变，股权多元化使得政府部门不再能够随意干预企业运作，迫使政府在经济领域遵守市场规则，股东的意愿和权利得以受到组织和制度的保证，为企业的科学决策提供组织基础，市场竞争力不断提高。而劳动、人事及分配制度改革的推进，推动国有企业逐步转向更为市场化的经济组织①。

---

① 王忠明 . 国企改革：从现代企业制度到现代产权制度［J］. 当代经济，2008（10）.

当然，改革并非一帆风顺。股份制企业尽管试图在内部形成多元产权主体，更好地调动管理层与职工的积极性，但在这一时期，囿于对股份制改革的理论准备不足、管理人才匮乏及非国有部门的资本来源有限，试点企业的职工股份往往按照劳动力的工龄长短、贡献大小和岗位职务与条件折股量化，这种“股份式分红”并不能达到股份制改革的设计初衷。更加重要的是，上述新制度的实行，逐步引发国企属性与所有权的争议。一旦实现了产权结构的多元化，国有企业本质上也就“背离”了原有的体制属性，这就必然影响到现代企业制度的快速推进，甚至出现一定程度的扭曲和变形。从客观上看，资产评估制度不完善、不规范，评估方法也不够科学。在资产评估过程中，一些无形资产如信誉、商标、技术诀窍等常常受到忽视，甚至有些企业尚未经过资产评估便“一卖了事”，导致国有资产的流失。

“国营大中型企业是社会主义现代化建设的支柱和骨干，是国家财政收入的重要来源。增强其活力，是经济体制改革的中心环节和实现我国经济发展战略目标的关键，直接关系到我国经济的发展和社会主义制度的巩固。”① 可以说，2000年之前的国企改革，主要焦点在于如何从加强企业内部管理和改善外部环境两方面采取有力措施，增强国营大中型企业的活力。这种改革虽然表现为政府利益的部分损失，但国民经济总量是增加的，中央政府收益的绝对量也是增加的，同时又带来社会成员收入的提高和生活的改善，形成一种绝大多数社会成员都能接受并受益的“帕雷托改进”。通过“放权让利”及之后的承包经营责任制、租赁制和股份制改革，使得各个利益主体在改革过程中不同程度地受益，带来了社会成员的收入提高与生活改善，产生了较强的激励效果。但是，产权界定不够完善，交易过程不够公开、公正和透明，仍然是制约国企改革与激励制度建立的重要因素。

---

① 郭振英、卢建．增强国营大中型企业活力的政策取向［J］．中国工业经济，1992（4）．

第六章

现代企业制度背景下激励手段的探索

1992 年召开的党的十四大，确立了建立社会主义市场经济体制的改革目标。1993 年 3 月召开的八届全国人大一次会议，要求从 1993 年起力争在转换国有企业经营机制、发展各类市场、价格改革、劳动工资制度改革、推进社会保障和城镇住房制度改革、改善和加强宏观经济管理等方面取得突破性的进展。10 月下旬，中共十四届三中全会通过了《关于建立社会主义市场经济体制若干问题的决定》，提出“建立现代企业制度是发展社会化大生产和市场经济的必然要求，是我国国有企业改革的方向”，并将现代企业制度的特征概括为“产权明晰、权责明确、政企分开、管理科学”，形成企业内部权责分明、团结合作、相互制约的机制，调动各方面的积极性，使企业成为自主经营、自负盈亏、自我发展、自我约束的经济组织。

总的来看，2000 年之后国有企业激励制度改革的方向针对的是如何对重点人群进行物质激励。尤其是对企业经营者的激励，更成为政策制定者关心的问题。与此同时，对普通的产业工人进行激励的方式，相关部门也进行了一些探索与实践，但从整体上看，工人群体已不再具有改革开放之前企业“主人翁”的光环，而是日渐成为一般意义上的企业雇员。作为企业发展重要组成部分的产业工人，在激励措施的制定上时常成为被忽视的对象。此外，物质激励手段成为企业最主要的激励方式，与此相对的是，尽管企业也多次强调精神激励的重要性，但从具体做法来看，精神激励与企业文化建设的缺失是普遍存在的一大问题。

一、年薪制和股权激励：重点人群提高收入的方式

对国有企业的经营者进行有针对性的物质激励，在较长的时期都不被政

策制定者所认可。1949年初，东北行政委员会规定，企业管理人员、技术人员和普通工人实行统一标准的“一条龙”工资等级表，其中：管理人员最高工资530分，最低工资71分；技术人员最高工资630分，最低工资86分；工人最高工资210分，最低工资70分。换言之，厂长、经理所能拿到的最高工资要低于总工程师或工程师等高级技术人员。这套做法一直延续到新政权建立之后，并成为接下来工资制度设立的重要参考依据。如1952年中南区重型机器制造业职员工资标准：公司经理和公司总工程师按照级别可获得640~830分，厂长的工资收入则不超过700分。

1956年，全国进行统一的工资改革，提高了企业各级别人员的收入水平。不久之后，有群众反映，科长以上领导干部的工资标准过高，增加工资超过工人太多，要求进行调整。1956年10月，国务院发出通知，规定科长级干部增加工资不得超过20%，厂长一级主要领导不得超过13%。1957年6月，国务院决定，企业管理人员和工程技术人员还没有实行奖励制度的，不得实行；已经取消了的，不得恢复；实在不能取消的，一个季度的奖金不得超过本人月标准工资的25%[①]。有些老工人回忆这一时期时提到，“有些工人的工资反而高过干部，当时很多不愿意做干部的……”[②]。

改革开放之初，中共中央、国务院多次颁布生产激励方面的政策。无论是计件工资制、奖励工资制、浮动工资制还是结构工资制，都是将主要目标对准了企业的技术人员和一线工人，力求将企业的生产效益与工人的个人收入更加紧密地结合起来，基本上没有将改革的目标对准管理人员。1982年1月，中共中央、国务院颁布的《国营工厂厂长工作暂行条例》指出，“办好一个工厂，关键之一是要有一个比较好的厂长。我们必须大力培训和认真挑选

---

① 严忠勤.当代中国的职工工资福利和社会保险［M］.北京：社会科学文献出版社，1987：30-65.

② 贾文娟.选择性放任：车间政治与国有企业劳动治理逻辑的形成［M］.北京：中国社会科学出版社，2016：82.

既懂经济、又懂政治，熟悉本行业生产经营业务，知人善任，有一定组织能力，富有艰苦创业的实干精神，善于走群众路线，并且能够坚持在生产第一线工作的同志去担任厂长”，并要求工厂的生产经营活动要由厂长统一指挥、全面负责，对工厂的人员、资金、物资有调度处置权，行政职能科室的科长（主任）、副科长（副主任）及车间副主任以下的干部由厂长任免，厂长还有对职工进行奖励和惩罚的权力。条例特别指出，当厂长在工作中做出成绩，如主要技术经济指标在全国同行业、同类企业中达到先进水平；产品进入国际市场、有竞争能力、为国家创汇作出较大贡献；生产连续三年以上持续增长、对国家贡献较大；有重大技术突破；由于改善经营管理使长期亏损的企业改变落后面貌由亏变盈满一年以上；等等，可给予相应的荣誉奖励或者物质奖励。

1986 年 9 月，中共中央、国务院在《全民所有制工业企业厂长工作条例》中再次重申，厂长在推行技术改造、技术进步或现代化管理方面取得显著成效，产品销售额、实现利润、上交税利有较大幅度增长，主要经济技术指标达到国际或国内同行业、同类企业先进水平，产品进入国际市场，社会经济效益显著的，可以获得荣誉、物质或晋级奖励[①]。但是，以上两个条例并未具体说明给予多大力度的奖励。

20 世纪 80 年代后期，一些学者提出，国营企业要发展，首先要从物质层面对企业经营者进行“强激励”，现有的经营者工资制度已不适应形势发展的需要。主要表现在经营者的基本报酬纳入企业统一的工资制度，与职工收入紧紧捆绑，没有突出经营者的劳动特点及其重要性。同一时期的私营企业和外资企业采用高工资、高奖金的方式挖掘优秀的企业经营者，国企高管却拿不到符合市场预期的收入，较弱的薪酬竞争力很难真正调动其积极性和创造性，使得国企对外部人才的吸引力下降，出现内部人才外流的窘境，或是抓

① 国家体改委办公厅．十一届三中全会以来经济体制改革重要文件汇编（上卷）［M］．北京：改革出版社，1990：294-296.

监管不力的漏洞、以权谋私地获取灰色收入或不透明的职务收入，这些情况都造成了严重的管理危机。

为了能够进一步刺激企业经营者，从1986年开始，有关部门开始着手制定企业管理人员的激励制度。该年11月，劳动部在无锡召开了工资改革会议，会上提出把企业经营者的收入与企业的生产效益挂钩。有的省市介绍了企业经营者收入分配的改革办法，如能达到国家级企业的标准，厂长（经理）的工资可以高于职工平均收入的2倍；还有省市表示，对任务完成好、经济效益较高的企业，由主管部门出面，按效益增长的情况对厂长（经理）给予相应的奖励。当然，这些省市也表示，如果厂长（经理）无法完成生产计划，要酌情扣减经营者的收入①。1988年国务院颁布的《全民所有制工业企业承包经营责任制暂行条例》中，对企业厂长经理的工资收入做出了更为具体的规定，视其完成承包经营合同情况，允许拿到高于职工平均工资1~3倍的收入，贡献突出者还可以适当高一些，该条例也规定完不成承包经营合同时，应当扣减企业经营者的收入，直至只保留其基本工资的一半②。

20世纪90年代起，劳动部开始组织部分省市进行经营者年薪制的试点工作。1992年，上海市轻工业局选择英雄金笔厂、上海油墨厂和上海纸箱厂三家企业作为年薪制的试点单位，上海市劳动局还颁布《企业经营者实行年薪制的试行意见》，规范年薪制的试点工作。深圳在1994年9月推出《试点企业董事长、总经理年薪制办法》，江苏、四川、河南等省份也随之跟上。到了1997年底，全国进行年薪制试点的企业超过一万家。1999年9月，在党的十五届四中全会通过的《中共中央关于国有企业改革和发展若干重大问题的决定》中，提出要建立和健全国有企业经营管理者的激励和约束机制，“少数

① 谭中和，等．中国工资收入分配改革与发展（1978—2018）［M］．北京：社会科学文献出版社，2019：50.

② 国家体改委办公厅．十一届三中全会以来经济体制改革重要文件汇编（上卷）［M］．北京：改革出版社，1990：438.

企业实行经理（厂长）年薪制、持有股权等分配方式，可以继续探索，及时总结经验”。这是年薪制和股票期权激励机制第一次正式出现在党中央的文件之中[①]。2001 年公布的《国民经济和社会发展第十个五年计划纲要》进一步提出：“要提高国有企业高层管理人员、技术人员的工资报酬，充分体现他们的劳动价值，可以试行年薪制，对于国有上市公司负责人和技术骨干还可以试行期权制。”

这些改革的思路都遵循了中央最新的分配制度改革精神，即确立劳动、资本、技术和管理等生产要素按贡献参与分配的原则，完善按劳分配为主体、多种分配方式并存的制度。生产要素是社会经济活动的必备条件，参与了社会财富和新增价值的创造过程。在市场经济的条件下，生产要素的拥有者有权按照要素数量及在社会财富创造过程中所发挥的作用获得相应回报，如企业经营者从劳动中独立出来，通过分红、股权、期权溢价等形式获得报酬。

21 世纪初在全国各地试点的年薪制，主要针对的是国有企业、国有独资公司及共有控股公司的厂长（经理），党委书记和董事长的年薪比照执行。年薪收入一般分为基本年薪和效益年薪两个部分。基本年薪按照企业和地区平均工资的一定倍数确定，效益年薪同经营者的管理业绩挂钩，考核的指标是国有资产保值增值率、资本收益率、利润实现情况等，同时参考企业规模、职工人数、所在行业等各种因素。经营者除了获取年薪收入之外，不得再从本企业中取得其他津贴、奖金等报酬。年薪制的实施对经营者的经济激励不言而喻，使经营者的收入不再局限于原有的统一工资标准，而是与企业经营效益直接挂钩，给经营者带来更符合市场价值的收入，调动了经营者的积极性和主动性[②]。

但是，也有一些地区出现“年薪制就是给厂长加工资”的情况，个别企

① 鲁建彪．关于推行国有企业经营者年薪制的理论思考［J］．云南民族学院学报（哲学社会科学版），2001（4）．

② 廖永红．我国企业年薪制的实施情况及若干亟待解决的问题［J］．特区经济，1998（7）．

业之间还出现经营者收入攀比的现象，有的经营者甚至开始拿“天价薪水”。在年薪制试点之时，政策规定国有企业负责人年薪水平一般是本企业职工平均工资的3~5倍。但在1999年，36户中央企业董事长、总经理、党委（党组）书记平均年收入6.1万元，其中，最高的经营者拿到21.3万元年薪，上海市国有企业经营者最高年薪达到99万元。由于年薪制的试点还处于探索阶段，相关政策办法不规范、不系统，例如究竟哪些人可以采取年薪制，有的企业只允许厂长一人领取，有的企业则扩大至整个领导班子，甚至处长也可以拿年薪[①]。

根据劳动和社会保障部所做的一项调查，2003年国有和集体控股上市公司的经营者年收入已平均达到23.9万元与28.8万元[②]。2006年，123户中央企业负责人年薪平均37万元，是同期普通职工工资水平的6.4倍，最高的企业负责人甚至达到职工收入的45.6倍。从1999年到2012年，中央非金融企业主要负责人年薪平均每年增长21.9%，比同期城镇单位在岗职工平均工资水平增长率高7.6个百分点[③]。

更重要的是，企业负责人的薪酬往往不能反映其真实业绩，所谓“业绩降、薪酬降”的情况基本未出现，甚至一些亏损企业的负责人可以拿到一两百万元的年薪。此外，多数企业的正职、副职之间没有拉开合理的收入落差，有的企业正副职之间只有不到10%的差距。企业高层之间收入分配的“平均主义”，使企业负责人的积极性没有被充分调动，企业为了能够负担高层的薪酬，在支出方面的压力可想而知。

为了进一步对年薪制进行规范，2003年11月，国资委下发了《中央企业负责人经营业绩考核暂行办法》，将考核对象完整、具体地表述出来，如国有

---

① 谭中和，等.中国工资收入分配改革与发展（1978—2018）[M].北京：社会科学文献出版社，2019：110-120.

② 劳动和社会保障部劳动工资研究所.我国企业薪酬热点问题剖析[M].北京：中国劳动社会保障出版社，2007：139.

③ 杨黎明.关于改革完善国企高管薪酬分配制度的再思考[J].中国党政干部论坛，2014（6）.

独资企业和不设董事会的国有独资公司总经理（总裁）、副总经理（副总裁）、总会计师、党委（党组）书记、党委副书记、党委常委（党组成员）、纪委书记（纪检组长）；设董事会的国有独资公司的董事长、副董事长、董事、总经理（总裁）、副总经理（副总裁）、总会计师、党委（党组）书记、党委副书记、党委常委（党组成员）、纪委书记（纪检组长）等。同时，将业绩考核与企业负责人薪酬挂钩的办法做了规定，共分为 5 个级别，以完成合同目标任务为 C 级定为参照，C 级业绩年薪为 1~1.5 倍基薪，B 级业绩年薪为 1.5~2 倍基薪，A 级业绩年薪为 2~3 倍基薪，D 级业绩年薪为 0~1 倍基薪，E 级业绩年薪为 0 倍基薪。业绩年薪的 60% 在年度考核结果确定后当期兑现，40% 延期到离任或连任的下一年兑现，文件还规定了企业法定代表人系数为 1，其余企业负责人按照责任和贡献的大小，系数在 0.6~0.9 之间，具体由企业内部自己确定。此外，对任期考核 A、B 两个级别的企业负责人，还将给予相应的中长期激励奖项；对 D、E 两个级别的企业负责人，除了扣减延期业绩年薪外，还将根据实际情况，不再对其任命、续聘或进行工作调整[①]。

2009 年，经国务院同意，人力资源和社会保障部等六部门联合下发《关于进一步规范中央企业负责人薪酬管理的指导意见》，要求国有企业负责人基本年薪依据企业经营难度、经营风险等因素，以上年度中央企业在岗职工平均工资的 5 倍为基数，结合薪酬调节系数而确定，薪酬调节系数依据企业上年度总资产、净资产、主营业务收入、利润总额等，并参考从业人员规模、参与市场竞争程度、风险与成本控制等因素。

另外，由于国有企业的管理体制尚未进行彻底改革，而年薪制改革“一马当先”，出现了一系列后续问题，例如，企业的经营效益究竟如何测量？怎样评判厂长是否完成生产任务？各项考核的评判标准之间如何设计基数？一旦厂长未能完成任务，怎样扣减其收入？更何况职业经理人市场还没有建立，

---

① 邵宁．国有企业改革实录（1998—2008）［M］．北京：经济科学出版社，2015：430-433.

厂长（经理）仍属于任命性质，即使未能完成生产任务，也很难给予惩罚，或是由更称职的经营者来替代，而只能继续任用，导致监督机构的权责很不清晰[①]。

进入21世纪以来，越来越多的企业尝试通过股权和期权溢价的形式对企业经营者进行激励。推进股权激励制度在企业内的实施，能够有效提高企业负责人和普通员工的积极性，提高企业的竞争力，实现国有资产的保值、增值。而且，以往采取的各项激励制度，如利润留成、承包经营、奖金发放等，都属于短期激励，缺乏在中长期机制上进行激励。股权激励制度就是长效激励的重要组成部分。2004年6月，国资委颁发的《中央企业负责人薪酬管理暂行办法》中明确提出，企业负责人年薪制是在多数企业尚未建立起规范的公司法人治理结构的情况下所做出的过渡性措施，待时机成熟，仍应促进企业建立健全股权激励方式。

2003年起，有关部门相继制定了《中央企业负责人薪酬管理暂行办法》《中央企业负责人薪酬管理暂行办法实施细则》《关于国有高新技术企业开展股权激励试点工作指导意见的通知》等文件，规范企业负责人的薪酬结构，并对国有上市公司股权激励方式做了较为详尽的规定，鼓励高新技术企业积极探索对科技骨干进行股权激励的方式。股权激励是指企业按照一定的净资产增值额，以股权的方式奖励给对企业的发展作出突出贡献的管理和技术人员；股权出售是指根据对企业的贡献大小，按一定的价格系数出售给有关人员；技术折股是指允许技术人员以个人拥有的专利技术或非专利技术作价并折合为一定数量的股份。上述文件还提出，用于股权激励和以价格系数体现的奖励总额之和，不得超过企业近三年税后利润形成的净资产增值额的35%[②]。而在2006年9月国资委发布的《国有控股上市公司（境内）实施股权

① 陈守海.实施企业经营者年薪制的难点及对策［J］.劳动理论及实践，1998（9）.

② 谭中和，等.中国工资收入分配改革与发展（1978—2018）［M］.北京：社会科学文献出版社，2019：117-120.

激励试行办法》和2008年10月国资委、财政部发布的《关于规范国有控股上市公司实施股权激励制度有关问题的通知》中，则进一步提出国有控股上市公司实施股权激励的方式，具备的条件和遵循的原则，股权激励计划的拟订、申报、考核和管理，等等，并要求完善股权激励的业绩考核体系，合理控制股权激励的收益水平。

股权激励制度的正向效果在于：有力地推进了国有企业股份制改革，进一步完善了国有企业的公司治理结构，健全了内部控制制度和绩效考核体系，制定了符合市场经济和现代企业制度要求的劳动用工与薪酬福利制度。同时，股权激励制度实现了激励对象与企业利益的统一，有效激发、激励对象积极开展工作。但是，股权激励制度的实行仍然存在一些明显问题，最直接的一点是：对于股权激励获授者的绩效考核要求不够明确细致，造成只要是董事、监事、经理等高管就能够凭借职务获得股权激励的情况，未能充分体现出按照管理要素和个人实际业绩获取股权激励的原则，容易出现高管套利自肥的现象。尽管后续文件多次强调要对获授股权的激励者进行相应的绩效考核，并细化了实施程序，还做出了对拟为激励对象的股东或与激励对象存在关联关系的股东应当回避表决的规定，但上述问题依然未能彻底解决。

2014年8月，习近平总书记主持召开中央全面深化改革领导小组第四次会议并发表重要讲话，指出中央管理企业负责人薪酬制度改革取得积极成效，也存在薪酬结构不尽合理、薪酬监管体制不够健全等问题。要逐步规范国有企业收入分配秩序，实现薪酬水平适当、结构合理、管理规范、监督有效的目标，对不合理的偏高、过高收入进行调整。李克强总理在2014年的《政府工作报告》中也明确提出，要加强和改进国有企业负责人薪酬管理，并主持国务院常务会议对中央管理企业负责人薪酬制度改革进行了专题研究。2014年11月，党中央、国务院为深化中央管理企业负责人薪酬制度改革制定相关意见。财政部、国资委及各有关企业主管部门先后出台一系列对国有企业负责人薪酬进行规范的政策文件。财政部印发了《中央金融企业负责人薪酬管理暂行办法》，国务院国资委印发了《中央企业负责人薪酬管理暂行办法》，银监会、保监会等国家有关部门对所监管企业出台了负责人薪酬管理办法或实施方案。国有企业负责人薪酬过快增长势头得到进一步抑制，部分经营者偏高的薪酬得以降低，推动形成了合理有序的收入分配格局，强化了国有企业负责人的政治责任和社会责任，更好地发挥了对其他各类企业乃至全社会的引领示范作用。

关于如何激发企业重点人群的积极性和创造性，当前政策的整体走向是完善国有企业经营管理人员激励方式，采取多种方式探索完善中长期激励机制，消除各种隐性壁垒，坚持依法平等保护，增加普惠性政策，促进公平竞争，等等。这些激励措施在理论上所面临的最大问题是：企业经营者的性质究竟算什么，是“企业家”“职业经理人”还是政府官员？有些学者明确表示，国有企业的经营者不能称为“企业家”，理由是他们多由政府行政任命，还与行政官员之间进行角色互换，并不具备企业家所应有的知识结构和创新能力①。但需要指出的是，国有企业的企业属性决定了必须以创造经济效益、资产保值增值、提高劳动生产率、降低人工成本、提升市场竞争力为主要目标，在这一点上，经营者也负有企业家的重要使命，需要具备资产管理的专业性。如何根据国有企业的多元化发展方向为企业经营者设计合理的激励机制，进而从经营能力和政策执行力方面构建“国有企业的企业家”模型，这是相关理论研究者今后需要重点关注的问题②。

二、产业工人激励：措施与问题

上文大致描述了现代企业制度建立之后针对企业重点人群的主要激励手段。企业的发展除了依靠管理层，更需要倚仗技术人员与产业工人的共同努

---

① 杨春学．国有企业“企业家”选拔方式的经济学思考［J］．中国工业经济，2002（7）．

② 戴锦．国有企业的性质［M］．北京：经济科学出版社，2016：214.

力。而对于这些群体的激励，有关部门采取了多项措施，取得了一些实效，也带来了一系列问题，值得加以探讨。

（一）激励工人的新措施

20 世纪 80 年代轰轰烈烈的国企改革，重点放在对企业产权的调整和管理层的激励上，企业职工较少进入政策制定者的视野之内。尽管在 1981 年颁布的《国营工业企业职工代表大会暂行条例》和 1982 年发布的《企业职工奖惩条例》中重申职工代表大会是企业实行民主管理的基本形式，是职工群众参与决策和管理、监督干部的权力机构，对工作具有积极性和创造性、维护正常生产秩序和工作秩序、提高劳动生产率和工作效率的职工进行奖励，但从整体来看，职工对企业核心事务的参与程度日益降低，除了一些福利性的社会活动及小规模的劳动竞赛之外，基本处于被边缘化的状态。由于国企的激励不足，始终未能解决人力资本的管理问题，再加上所有制企业之间的职工收入对比落差，国企职工出现相对剥夺感（即不公平感）[①]。趁势而起的乡镇企业主动出击，依托市场资源引进国企的技术工人和科研人员，形成浩浩荡荡的“星期天工程师”。这些技术管理人才对带动乡镇企业生产、推动集体经济发展起到巨大作用，促进了优势地区生产技术和管理能力向周边地区转移和扩散[②]。

从 20 世纪 90 年代开始，伴随着企业市场化改革的步伐，政策制定者从打破“大锅饭”、提高技术含金量的角度，重新设计收入分配制度，以达到对高精尖人才进行“强激励”的目标。中央实施了技能人才激励计划和职业技能提升行动，通过完善技术工人薪酬激励机制，贯通职业资格、学历等认证渠道，营造崇尚技能的社会氛围，满足不同层次人才的需求，从薪酬待遇、职业发展和社会认同等角度全方位激励技能人才。

---

① 李汉林、渠敬东 . 中国单位组织的失范效应［M］. 上海：上海人民出版社，2005：37-42.

② 芮黎明 . 苏南“星期日工程师”现象及其启示［J］. 红旗文稿，2006（18）.

在分配制度上，劳动部于1992年印发《关于进行岗位技能工资制试点工作的通知》，提出岗位技能工资是以按劳分配为原则，以加强工资宏观调控为前提，以劳动技能、劳动责任、劳动强度和劳动条件等基本劳动要素评价为基础，以岗位、技能工资为主要内容，按职工实际劳动贡献（劳动质量和数量）确定劳动报酬的企业基本工资制度。岗位技能工资是一个系统工程，它包括劳动评价体系、基本工资单元和工资标准的确定、辅助工资单元的设置等方面，还涉及运行机制的建立以及加强宏观调控和配套改革措施。岗位技能工资标准的确定，从行业、企业岗位劳动测评和资金税利率、人均税利率、劳动生产率高低等情况出发，兼顾国家和地方财政承受能力和多数企业经济承受能力，并结合现行工资关系，在国家拟定的全民所有制大中型企业职工基本工资（岗位技能工资）参考标准的范围内，合理确定各主要行业和不同地区的岗位技能工资标准水平。企业可以根据生产经营特点对岗位技能工资制辅以灵活多样的具体分配形式，如计件工资、定额工资、浮动工资、提成工资、奖金、津贴等，把基本工资制度与具体分配形式有机地结合起来。

1993年，劳动部又印发了《关于进一步深化岗位技能工资制试点工作的意见》，提出要注意抓好企业管理人员和专业技术人员的岗位劳动评价工作，处理好干部岗位劳动评价与企业人事制度改革的关系，打破干部、工人的身份界限，实行干部职务的聘任制、聘用制，建立起干部岗位的竞争机制，还要处理好责任重、技术要求高的岗位及生产一线管理岗位、专业技术岗位与一般岗位在工资分配上的关系，根据按劳分配原则向关键岗位倾斜，依据职工的劳动业绩评定职工实际的劳动贡献，以此确定劳动报酬，设置若干档次。经过几次工资制度的改革，到了20世纪90年代中后期，企业工资体系大致分为五个部分，即基于计时工作或者计件工作的岗位工资；基于个体工人技术水平的技术工资；与国家的规定相关与基本消费品价格挂钩的联动工资；基于夜班工作或者加班工作的特殊工资；与企业生产率和利润挂钩的效益工资。其中岗位和技术工资所占比例最大[①]。

岗位技能工资制兼具岗位价值和基数能力两个核心评判标准，对于打破“大锅饭”“铁饭碗”、贯彻按劳分配原则、调动职工的劳动积极性、提高劳动生产率等都发挥了积极作用。这一制度存在的问题也是明显的，评判标准较为主观，测评难度较大，准确性也值得怀疑，在实际分配中造成不公平，职工的收入差距由此逐渐拉大，出现部分岗位的工资超出平均收入三倍以上的现象[②]。此外，在执行过程中，岗位技能工资制一经评定就固定不变，对员工无法形成持续有效的激励，造成“干好干坏一个样”的局面。

2016 年，十二届全国人大四次会议通过了“‘十三五’规划纲要”，明确“试行以增加知识价值为导向的分配制度，加强对创新人才的股权、期权、分红激励，保障人才以知识、技能、管理等创新要素参与利益分配，以市场价值回报人才价值……健全高技能人才薪酬体系，提高技术工人待遇”。相关文件的制定，重点放在强化工资收入分配制度的价值导向、提高技术工人工资待遇和津贴水平、建立企业技术工人工资正常增长机制、探索技术工人长效激励机制、制定企业技术工人技能要素和创新成果按贡献参与分配办法、推动技术工人享受促进科技成果转化的有关政策。其中，对于技术工人中的高技能领军人才，还鼓励企业制定职业发展规划和年资（年功）工资制度，试行年薪制和股权期权激励，鼓励设立特聘岗位津贴、带徒津贴等，参照高级管理人员标准落实经济待遇，对高技能领军人才参与国家科技计划项目的，鼓励所在单位根据其实际贡献给予绩效奖励[③]。

目前，国有企业普遍推行薪酬体系改革，薪酬由职务工资、级别工资、

---

① 赵明华．国有企业改革中的工人——中国纺织产业的个案研究［M］．北京：社会科学文献出版社，2012：35.

② 劳动和社会保障部劳动工资司．企业工资分配政策问答及案例精选［M］．北京：中国物资出版社，2003：58.

③ 谭中和，等．中国工资收入分配改革与发展（1978—2018）［M］．北京：社会科学文献出版社，2019：59.

岗位工资、技能工资、绩效工资、年功工资等构成。职务工资主要体现工作职责，一个职务对应一个工资标准；级别工资体现工作实绩和资历，每一级别设若干个工资档次；岗位工资以岗位权利、责任、技能等要素确定岗位系数，作为支付岗位工资的依据；技能工资分为不同档次和等级，体现劳动技能；绩效工资以绩效考核为基础，体现职工贡献；年功工资体现职工逐年累积的劳动贡献。通过不同的组合，形成适用于不同类型职工的薪酬激励模式，做到“以岗定级、以级定薪、人岗匹配、岗变薪变”[①]。以薪酬管理办法为基础，以项目奖励、产品开发、技术进步等办法为补充，建立起“1+X”的管理模式，一方面以岗位工资为基准，要求职工高效率、高质量、高标准地完成本职工作；另一方面鼓励职工进行技术创新、工艺创新、产品创新，通过多种方式获取劳动报酬，提高工作积极性，促进创新成果涌现。

同时，企业多采取职工持股的方式吸引高层次专业人才，激励企业由突出贡献的骨干稳定企业核心人才结构，建立长效激励机制[②]。一些企业还探索建立“事业共创、责任共担、利益共享”的合伙人机制，公司和个人共同出资、共同获利，按照项目盈利情况和出资额度获取利益，项目延期或无法完成则相应扣减跟投资金。此外，企业在畅通晋升通道、建立内部劳动力市场、实现薪酬可期待上升等方面也做出了有效的尝试。

（二）谁是企业的“主人翁”？

以上简单列举了30年来企业对高精尖人才的激励措施。事实上，无论是对重点人群如管理层的激励还是对技术人才的激励，都是人为地通过制度设计拉大收入差距，以达到对少部分群体的“强激励”，这与计划经济时期企业普惠性的“弱激励”产生区别。这是企业市场化改革之后注重经济效益和生

① 本书编写组．国企改革若干问题研究［M］．北京：中国经济出版社，2017：118–120.

② 国务院国资委改革办．国企改革探索与实践——中央企业子企业150例［M］．北京：中国经济出版社，2018：5–15.

产指标所带来的必然结果。制度转向从20世纪80年代的承包经营责任制改革开始。承包经营责任制将占有权与经营权分割开来，企业负责人享有较大程度的产品定价、绩效评估和奖金分配等权力，职工所受到的权益保障被弱化了，“虽然企业依然属国家所有，但企业的经营则似乎是通过经营意义上的委托代理制度来实现的”，奖金及各种名义下的福利待遇分配交由承包人进行垄断经营[①]。由此带来的后果是，职工代表大会有形式主义的趋势，甚至在一些国企中消失，代之以集体劳动合同为中心的人力资源管理模式，职工对企业事务的介入程度大为降低，即使出现权益受到侵害的情况，也难以形成群体性的力量进行集体谈判。

随着工资改革进程的加快，企业管理层越来越多地掌握了资源的分配权力，享有决定个体工人工资和其他奖励多少的权力。管理层通过一系列制度设计，测量工人的生产业绩和效率，将工人的绩效与其报酬支付紧密联系起来。但如何对工人进行测算，具体的方式与内容却一直处于变动状态。与计划经济时期稳定统一的工资等级不同，目前企业内所推行的工资标准往往不透明，“拒绝将工资计算公式告知工人——其目的是让工人在无法预测自己实际收入的情况下，以更快的速率生产更多产品”，使工人时刻处于不确定感与风险意识中[②]。部分企业所实行的诸如延长工作时间、限制病假休假、动辄调岗裁员等做法，进一步加剧了职工与管理层之间的矛盾，工人普遍体会到劳动量的加大、劳动纪律的严苛、各种福利津贴的消失等问题，认为这是地位下降的表现，且已不再是生产线的“主人翁”，而成为被机器控制的“客体”[③]。当前企业管理制度的改革方向，又未能给劳动者参与企业管理预留空

---

① 渠敬东，等．组织变革和体制治理：企业中的劳动关系［M］．北京：中国社会科学出版社，2015：133.

② 贾文娟．选择性放任：车间政治与国有企业劳动治理逻辑的形成［M］．北京：中国社会科学出版社，2016：87.

③ 赵明华．国有企业改革中的工人——中国纺织产业的个案研究［M］．北京：社会科学文献出版社，2012：37.

间①。对于逐渐形成的企业内部等级关系，工人多数表现出不满与反感，罅隙渐生。

更严重的问题则出现在企业职工的生存境遇方面，20世纪80年代以来的各项企业制度改革重点解决的就是人的问题。政策制定者最初的设计是维持现有的人员规模，通过激励机制的设定来提高生产效率，这一做法取得的效果并不明显。随着市场竞争的日趋激烈，20世纪90年代中期的多数国有企业面临严重亏损的局面，生产不足、技术落后、产品滞销的情况日益突出，入不敷出、资不抵债，甚至发不出职工工资的现象时有发生。随着企业市场化改革的深入，数千万职工分流或下岗，以各种方式离开企业。根据劳动和社会保障部1997年的一项调查显示，该年国有企业共分流与下岗1274.2万人，占同期国有企业职工总数的17.2%，其中离岗退养、社会分流、自谋职业者接近500万人。而在全部下岗职工634.3万人中，仅有11.3%的职工进入再就业服务中心，而未进入再就业服务中心的有88.7%，其中有309.5万人没有领到基本生活费。换言之，多数职工离开企业之后，既没有找到接续的工作，也未能拿到基本的经济保障，处于某种意义上的“弃养”状态。

为了解决这些问题，推进国企改革，中央针对企业富余人员的问题出台了一系列政策。例如1999年9月，中共十五届四中全会通过了《关于国有企业改革和发展若干重大问题的决定》，指出建立企业优胜劣汰的竞争机制，鼓励兼并、规范破产、下岗分流、减员增效。文件指出，下岗分流要与国家财力和社会承受能力相适应，配套调整财政支出结构，坚持实行企业、社会和政府各方负担的办法落实资金，亏损企业和社会筹集费用不足的部分，财政要给予保证，要进一步完善下岗职工基本生活保障、失业保险和城市居民最低生活保障制度。2005年12月，国资委下发《关于进一步规范国有企业改革工作实施意见》，更为严格地规范职工安置的权利责任问题，要求国有企业在

① 宋磊.经济民主：主义与问题［M］.北京：社会科学文献出版社，2015：71.

实施改制前，原企业应与投资者就职工安置费用、劳动关系接续等问题明确相关责任，制订职工安置方案，方案必须经过职工代表大会或职工大会审议通过之后方可实施。方案内容应包括：企业的人员状况和分流安置意见；职工劳动合同的变更、解除及重新签订办法；解除劳动合同职工的经济补偿金支付办法；社会保险关系接续、拖欠职工的工资等债务和企业欠缴的社会保险费处理办法；等等。但是，由于不少企业的职工代表大会形同虚设甚至不再举行，安置方案的出台和施行往往未经职工主体的参与决策，使得相关的劳动纠纷不时出现，劳资关系仍然处于矛盾状态。

计划经济时期进入企业的职工早已与企业形成共命运的关系。旧体制提供了最稳定的保障机制，就业是终身制的，从生到死都被企业“包下来”，多数职工不具有独立生存、抗击市场风险的能力。而在20世纪90年代初期，从政企一体化向市场体制的转型过程中，企业职工事实上与国家已基本“脱钩”，而逐步成为形式上的公有制和实质上带有雇佣性质的合同制相结合的身份，原有的福利保障被收回甚至取消。与此同时，社会保障制度并没有真正建立起来，出现了“体制真空”的局面，原本由企业承担的职责，政府和社会尚不能有效承接，从“单位人”转为“社会人”的企业职工所面临的困境可想而知，在变幻不定的市场中，失去保障的职工时刻面临风险，陷入茫然的状态。

更重要的是，几十年的体制惯性和“以厂为家”的企业文化很难在短时间内得以彻底改变。许多职工离开企业之后，不仅失去了社会保障，更失去了精神归宿。一些职工提出疑问，工人与企业之间究竟是什么关系？是企业的“主人翁”、市场化的拦路虎还是不得不抛离的负资产？一些工人感叹：“工作保障是社会主义国家的工人最基本的权利之一。没有这项权利，我们怎么把我们的国家称为‘社会主义国家’呢？”①

---

① 赵明华．国有企业改革中的工人——中国纺织产业的个案研究［M］．北京：社会科学文献出版社，2012：42.

随着市场化的推进，在利润最大化目标的驱动之下，企业管理层加大了对工人的控制。“建立在长期生活于国家社会主义中的共同生活经历和生活机会基础上的工人阶级的团结，被不可避免地破坏了。”[①]工人面临企业管理层的专制权力，难以获得相对应的博弈资本，被边缘化的党组织和工会又无法成为工人的利益代表，导致工人在劳动中遭受权益侵害。而以物质激励的方式对工人的劳动投入进行回报的做法，虽然对提高生产效率起到一定的作用，却恶化了“长期存在的对生产过程缺乏管理控制的问题”，使企业的管理越来越依赖于“按结果付钱”，将产量和利润指标与企业留利和职工奖金挂钩[②]。这种做法带来的后果是：企业管理能力严重下滑，对工人进行选拔和训练指导的责任完全放弃，间接导致生产技术的整体水准不进反退，对于全面推进实施制造强国战略、打造一支与战略目标相匹配专业技术人才、经营管理人才、技能人才队伍十分不利[③]。同时，过度使用经济激励也会造成“损害和降低当事人的积极性，不利于他们遵守规则”的后果[④]。

针对此情况，党中央近年来在文件中多次提出要构建更加完善的要素市场化配置体制机制，包括“健全最低工资标准调整、工资集体协商和企业薪酬调查制度。深化国有企业工资决定机制改革，完善事业单位岗位绩效工资制度”，强调保护劳动所得，增加劳动者特别是一线劳动者的劳动报酬，充分尊重科研、技术、管理人才，充分体现技术、知识、管理、数据等要素的价值[⑤]。我们有理由相信，通过对社会主义企业管理制度的深入探索，必将能够形成一整套行之有效的“中国特色”企业治理新路，并为企业组织的激励方

① 汪仕凯．生产政治理论及其争论——企业管理权力与工人权利研究综述［J］．开放时代，2010（5）．

② 路风．国有企业转变的三个命题［J］．中国社会科学，2000（5）．

③ 王星．制造产业升级路径与产业工人技能形成［J］．高等职业教育探索，2019（3）．

④ 李怀印、黄英伟、狄金华．回首“主人翁”时代——改革前三十年国营企业内部的身份认同、制度约束与劳动效率［J］．开放时代，2015（3）．

⑤ 中共中央、国务院关于构建更加完善的要素市场化配置体制机制的意见［M］．北京：人民出版社，2020.

式创新作出贡献。

三、精神激励的现实意义与企业文化构建的重要性

“政治挂帅的原则和更为普遍的政治运动是中国工厂管理工人劳动的一种特殊手段。”[①] 这是不少学者对计划经济时期国营企业激励方式的共同判断。精神激励的普遍使用一直持续到改革开放初期，1982 年颁布的《企业职工奖惩条例》中还要求“在奖励上，要坚持精神鼓励和物质鼓励相结合，以精神鼓励为主的原则”，对完成生产任务或工作任务、提高产量质量或者服务质量、节约国家资材和能源等方面做出显著成绩的，在生产、科学研究、工艺设计、产品设计、改善劳动条件等方面有发明、技术改进或者提出合理化建议、取得重要成果或者显著成绩等表现者，可给予记功、记大功、晋级、通令嘉奖，授予先进生产（工作）者、劳动模范等荣誉称号的奖励，“在给予上述奖励时，可以发给一次性奖金”[②]。

在精神激励的措施上，劳动竞赛的再度推行成为改革开放初期企业的一道风景。1977 年召开的全国工业学大庆会议上，表彰了 2126 个“大庆式企业”和先进企业以及 385 名全国先进生产者和先进工作者。1978 年 6 月，中共中央和国务院又召开了学大庆的会议，表彰了一批“大庆式企业”、全国劳动模范和先进工作者，并号召全国职工开展社会主义劳动竞赛，“把‘四人帮’造成的损失补上去，把‘四人帮’耽误的时间夺回来”，并组织开展以高产、优质、多品种、低消耗和安全生产为主要内容的增产节约活动。

在党中央的号召下，各地企业普遍开展了各种形式的劳动竞赛，如基建系统的创全优工程竞赛、机械系统的学赶马恒昌小组竞赛等，并进行竞赛方

---

① 华尔德 . 共产党社会的新传统主义［M］. 英国：牛津大学出版社，1996：213-266.

② 国家体改委办公厅 . 十一届三中全会以来经济体制改革重要文件汇编（中卷）［M］. 北京：改革出版社，1990：670.

式创新，一些企业依据承包经营责任制的要求，创造出了“你包我超”（超额完成承包指标）、“你缺我补”（补充承包指标中的不足）、“你改我促”（促进企业改革事项的完成）、“你核我佳”（围绕经济核算创最佳效益）等经验，并取得了很好的激励效果。还有企业将劳动竞赛推广至管理层，开展三师（工程师、经济师、会计师）竞赛、优秀厂长竞赛和优秀企业家竞赛，促进了企业管理科学化①。

值得注意的是，改革开放之后推行的劳动竞赛在物质激励方面有所突破。一些企业采取小指标百分赛的模式，将经济技术指标分解为中指标、小指标，分别落实到车间、科室、班组和工人，采取百分制计奖的办法，按照贡献大小分配奖金，奖金额一般占标准工资总额的1%。在企业逐步演变为自负盈亏、自主经营的情况下，一些企业加大了奖金基金的投发力度，将利润中的5%以上作为竞赛奖金②。此外，在劳动竞赛的设置上，也更偏向市场导向，像重点工程、新产品开发、工艺技术、科技攻关、再就业等都成为劳动竞赛的重点领域，使劳动竞赛日渐体现出智力型、知识型、技术型的特征③。

除了劳动竞赛之外，劳模表彰工作也在进行。时隔16年之后，1977年5月，全国先进生产者表彰大会再度召开，此后两年又进行了四次全国劳模表彰。三年中，以中共中央、国务院的名义共为4157个先进集体、2520位先进个人颁奖④。如1979年8月，国务院发出通知，要求对“一贯表现好，并具有下列条件之一者：在完成生产建设任务、实现增产节约方面有重大贡献者；在生产技术上有重大改革或有重大合理化建议者；在创造发明、科学研究方面有重大贡献者；在其他方面有重大贡献者”给予表彰。《人民日报》刊发社论：工人阶级是带头人，工人阶级的优秀分子——劳动模范是开路先锋，先

① 倪志福．当代中国工人阶级和工会运动（下）［M］．北京：中国社会科学出版社，1990：18.
② 张志林．劳动心语［M］．太原：山西人民出版社，2012：21.
③ 蒋晓农．试论市场经济条件下国有企业的劳动竞赛［J］．工会理论研究，2000（2）.
④ 姚力．1977—1979年的全国劳动模范表彰［J］．当代中国史研究，2015（9）.

进企业是提高企业管理水平、多快好省地发展生产的榜样，号召各条战线的工人、农民、知识分子向劳动模范学习。这段时间密集地举行劳模表彰大会，目的在于“通过劳模的榜样引领作用，动员引导社会各界继续艰苦奋斗、努力发展经济，把精力集中转移到社会主义现代化建设上来”①。

自1985年后，在1989年、1995年、2000年、2005年、2010年、2015年、2020年，全国劳动模范和先进工作者表彰大会举行了7次，总共授予全国劳动模范称号14067人、全国先进工作者称号5957人。前5次由国务院授予，第6次、第7次由中共中央、国务院共同授予。在评选标准上，重点提出对社会要有突出贡献，评选标准也日渐多样化，除了工人、农民、知识分子之外，个体经营者、私营企业家、文体明星等均可参加劳模评选。同时注重分配原则，2000年规定“企业一线职工不得低于总数的35%，农民应占总数的20%；企业负责人不得超过总数的8%”，2010年要求“坚持面向基层和工作一线，其中企业职工不低于45%，农民不低于20%”②。在2020年11月召开的全国劳动模范和先进工作者表彰大会上，习近平总书记指出，社会主义是干出来的，新时代是奋斗出来的，要大力弘扬爱岗敬业、争创一流、艰苦奋斗、勇于创新、淡泊名利、甘于奉献的劳模精神，崇尚劳动、热爱劳动、辛勤劳动、诚实劳动的劳动精神，执着专注、精益求精、一丝不苟、追求卓越的工匠精神。劳模精神、劳动精神、工匠精神是以爱国主义为核心的民族精神和以改革创新为核心的时代精神的生动体现，是鼓舞全党全国各族人民风雨无阻、勇敢前进的强大精神动力。

对劳动模范的表彰，除了授予荣誉之外，有关部门也在劳模的待遇政策方面进行调整和设计。20世纪90年代中期，国务院专门规定，为劳模发放一次性奖励或办理补充养老保险，实现了劳模待遇在改革调整下的有序接轨和过渡。2010年，人力资源和社会保障部、公安部、全国总工会等7个部委联

① 李珂．楷模与引领：劳动模范评选制度的嬗变与省思［J］．教学与研究，2018（6）．

② 中华全国总工会经济技术部．新编劳模工作手册［M］．北京：中国工人出版社，2012：39、85．

合下发了《关于进一步解决劳动模范社会保障和生活困难等问题的通知》，在社保、住房、收入、户籍等方面强化对劳模的尊重。2015 年，国务院办公厅再次印发《省部级以上劳模困难帮扶工作的通知》。2018 年，中办、国办联合下发通知，印发《功勋荣誉表彰奖励获得者待遇规定（试行）》和《生活困难表彰奖励获得者帮扶办法（试行）》，对劳模等各类功勋荣誉和表彰奖励获得者应享有的待遇进行了系统性安排[①]。

无论是劳动竞赛还是劳模表彰，都是对改革开放之前原有的精神激励政策的延续。尽管在实行的过程中也强调物质激励的部分，但通过竞赛和表彰激发精神、提升斗志是组织这些活动的主要出发点。从各种资料来看，这些措施对于提高劳动效率、促进生产积极性起到了相对积极的作用，但也存在不少有待解决的问题。以劳动竞赛为例，多数企业的管理层对劳动竞赛的重视程度不够，认为劳动竞赛已经是一个与时代不太合拍的过时产物，或者只是完成各项工作指标的手段之一，没有固定的章程和措施，组织管理意识薄弱，甚至只有在遇到生产困难时，才临时想起来组织一下，造成竞赛目标短视、没有长期规划、随意性较大。有企业管理人员表示，既然实行了经济责任制，那就“唯结果论”，没有必要再搞劳动竞赛，更不需要组织复杂的厂际竞赛[②]。管理人员对劳动竞赛相对消极的态度，使工会干部与一线职工也缺乏组织与参与竞赛的动力，工会干部表示，工会工作纷繁复杂，专职人员一再精减，早已分身乏术，既然企业领导不重视劳动竞赛，那么“多一事不如少一事”；也有职工反映，企业往往将劳动竞赛等同于加班加点、超额完成生产任务、损害职工利益，且个别项目在竞赛的考核评价上缺乏公平、公正的方案，没有兑现奖惩或只罚不奖、重罚轻奖，严重挫伤积极性[③]。这些情况的出

① 王嘉昊 . 改革开放 40 年劳动模范的“变”与“不变”［J］. 中国工运，2018（12）.

② 赵明华 . 国有企业改革中的工人——中国纺织产业的个案研究［M］. 北京：社会科学文献出版社，2012：120.

③ 刘洪文 . 新常态下施工企业开展劳动竞赛活动的思考［J］. 现代国企研究，2016（8）.

现，是造成劳动竞赛上热下冷、实际效果不佳的重要因素。

劳动竞赛所面临的尴尬处境，与当前企业普遍出现的认同度降低、文化建设缺位有关。国企职工长期以“企业的主人翁”自居，且通过职工代表大会等方式参与企业治理，拥有较强的荣誉感和使命感。随着国企改革的深入，职工代表大会逐渐形同虚设，不少职工代表由企业中层干部担任，并不能真正代表基层工人的权益。在劳动模范和先进工作者的提名上，企业也会优先考虑作出“特殊贡献”或者有“发明创造”的人，这意味着提名对象主要限于厂里的工程师、技术人员及管理人员，普通工人失去了竞争机会。在合同制改革和下岗浪潮到来之后，职工更加失去了“主人翁”的光环，而蜕变成为老板的普通“打工仔”，一些职工坦言，现在工作就是在给别人打工，“今天在这里干，明天不知道在哪里干，所以思想与之前完全是不一样的。跟我们过去不一样，只要干着，生老病死都有保障，所以大家都想把这个厂弄好”，认同感减少和情感依恋的消失，导致工人在生产中的士气下降[①]。

此外，不少企业还出现了一系列抵制和抗议事件，表现出工人与管理者之间或明或暗的冲突，在不至于惹祸上身、触犯雷区的情况下，对制度和人员进行反抗，大大提高了企业的管理成本。为了应对工人的局部反抗或懈怠表现，企业开始引入劳务派遣制度，形成了所谓的二元生产体制。通过对临时工的“强激励”，促使其提高生产效率，完成生产任务。同时，管理人员对临时工的劳动控制更加严格，可相对自由地使用罚款、降薪、解雇等手段，劳资关系显得更不对等。临时工秉持着“打一枪换一个地方”的心态，无法产生对企业的认同，也不愿花费时间学习技能，凝聚力的生发和共同体的形成更无从谈起。

对此，有学者提出，除了要稳步推进企业的制度建设，还需要尽快补齐短板，构建以“主人翁意识”为核心的国企文化，提升企业职工的责任感和

---

① 李怀印、黄英伟、狄金华．回首“主人翁”时代——改革前三十年国营企业内部的身份认同、制度约束与劳动效率［J］．开放时代，2015（3）．

使命感[①]。一般认为，企业文化是企业信奉和倡导并在实践中真正实行的价值理念，包括精神文化、制度文化、行为文化和物质文化等，其中精神文化是核心部分，用以指导企业开展生产经营活动的各种行为规范、群体意识和价值观念，由企业员工在长期的生产活动中逐步形成，经管理层有意识地概括、总结、提炼而得到确立的思想成果和精神力量，集中体现了企业独特的、个性鲜明的经营思想和风格，具有号召力、凝聚力和向心力，使职工对企业产生归属意识，获得精神需求的自我满足，形成强烈的激励效果，有效弥补规章制度在管理硬约束上的不足[②]。

当前不少企业重制度建设、轻文化塑造，在企业文化方面重形式、轻内容，而缺乏对信念、价值观、道德规范的构建与形塑，甚至将企业文化构建等同于增设文化设施、开展文体活动，或者停留在提出口号、总结经验的层面。对此，一些观点认为，企业文化将企业经营管理的各个关键环节进行要素串联，确保企业技术创新、国际化经营、人才培养、社会责任履行等关键性活动的开展，形成协同效应和向心力，为企业提供源源不断的生命活力[③]，因此，需以全局观、整体观来指导推行，提高企业文化建设的创新水平，吸纳职工参与，共建共享成果，以达到调动职工热情、发挥职工作用的效果[④]。

还有学者表示，改革开放之前的企业常通过“劳动光荣”的话语建构激发工人的内心渴望，使其自愿投入劳动之中，具体做法包括将工人的劳动成果进行公开表彰，利用劳动节、国庆节的节假日宣传生产业绩等[⑤]。“影响工人日常生产行为的……有源自国营企业职工特殊地位的集体意识、对本单位的

---

① 戴锦．国有企业的性质［M］．北京：经济科学出版社，2016：219.

② 陈春花．企业文化的改造与创新［J］．北京大学学报（社会科学版），1999（3）．

③ 刘刚，等．中国企业文化 70 年：实践发展与理论构建［J］．经济管理，2019（10）．

④ 栾强．我国企业文化建设亟待解决的问题及对策［J］．山东社会科学，2017（1）．

⑤ 贾文娟．计划经济时期国有重型企业中的赶工生产模式与劳动动员策略——以对 S 市 TY 厂的历史研究为例（1950—1972）［J］．工会理论研究，2020（6）．

认同以及由精神刺激所带来的晋升机制。”[①] 通过劳动竞赛、群众工作、话语鼓舞等方式来激励生产者的斗志，发挥工人的精神力量，这些是中国特色企业激励制度的“传家宝”，不能一弃了之，而应在新的时代背景下继承发扬，进一步推动中国的经济社会发展。

① 李怀印、黄英伟、狄金华．回首“主人翁”时代——改革前三十年国营企业内部的身份认同、制度约束与劳动效率［J］．开放时代，2015（3）．

结　语

用有效的激励打造强有力的工人队伍

本书用六个章节的篇幅，回溯了中国国有企业激励制度的演变过程，探讨了各种影响激励制度形成的因素，针对物质激励和精神激励实施的情况及其效果进行重点评述，并注重将改革开放前30年和后40多年的情况进行对比，认为前30年企业的实践经验具有较高的参考价值，应当成为改革开放之后尤其是现代企业制度建立之后国企构建新型激励制度借鉴的对象。

总体而言，改革开放之前，由于“终身就业”的存在，使得工人的生理需要和安全需要得以保证；由于工人阶级领导地位的确立，使得工人获得普遍尊重，他们也建立起对企业的归属感。但是，由于物质激励的相对弱化与工资水平的几次冻结，工人通过工作难以得到相应的物质回报，尽管精神激励措施能够起到一定的积极效果，但也无法取得长久的推动作用。在各种因素的共同作用下，改革开放之前的企业呈现出“强保障、弱激励”的特点。

改革开放之后，工人的流动性大为提高，与企业的绑定关系逐渐废弛，政治经济地位日趋降低，生存安全时刻面临威胁；同时，员工持股、技术转让、分红激励等物质奖励措施的实行，使职工的劳动投入能够在物质上得以表现，呈现出“强激励、弱保障”的特征。制度惯性仍在部分企业中有所体现，“大锅饭”“平均主义”的印痕尚未完全清除，市场化、差异化的分配体系有待建立，激励约束机制不够有力有效，延续着之前的“强保障、弱激励”的特征，导致企业对人才的吸引力不足，沦为人才的“中转站”。

当前，中国正处在全面建设小康社会的关键时期和深化改革开放、加快转变经济发展方式的攻坚时期，第一个“百年奋斗目标”已实现，第二个“百年奋斗目标”已在眼前，这与国有企业在经济社会发展、科技进步、国防建设、民生改善等领域所作出的历史性贡献密不可分。国有企业是中国特色社会主义的重要物质基础和政治基础，是我们党执政兴国的重要支柱和依靠力量。习近平总书记指出，国有企业特别是中央管理企业，在关系国家安全和国民经济命脉的主要行业和关键领域占据支配地位，是国民经济的重要支柱，在我们党执政和我国社会主义国家政权的经济基础中也是起支柱作用的。国有企业涉及国计民生的各个方面，在国民经济发展中起着基础性、主干性、支撑性和引领性作用，承担着重大政治责任和社会责任，是国家安全特别是政权安全和制度安全的柱石，也是确保人民实现美好生活需求的保障。

伴随我国经济水平的不断提高，国有企业越来越多地参与更加激烈的国际竞争中，在这一背景之下，如何提高国有企业产业工人队伍素质是一个迫切且核心的问题。高素质的人才队伍建设是企业发展的根本保障，有效的激励机制对于培养职工的忠诚度、激发职工工作激情具有重要意义。这就要求企业总结历史规律，借鉴国内外经验，结合自身特点，站在组织战略发展和职工个人规划的高度，建立合理科学的激励机制，综合运用物质激励与精神激励等各种方式，激发每一名成员的工作积极性，只有这样，才能在激烈的市场竞争中立于不败之地。

综合历史经验和当前实践，本书提出，应当加强党建引领，形成凝聚力、向心力、战斗力，发挥好党委在企业改革发展中“把方向、管大局、保落实”的领导作用；应当由企业依法依规自主决定，完善既有激励又有约束、既讲效率又讲公平的分配机制，建立健全与企业经济效益和劳动生产率挂钩的工资决定和增长机制，推进绩效考核改革，以业绩为导向，科学评价职工贡献，合理拉开收入分配差距，做到收入有增有减、奖惩公开透明，充分调动职工积极性；应当牢固树立以人为本的思想，形成全体参与、全员进取的企业文化，使精神层面的激励作用有效地转化为实际工作中高度自觉的执行力，为企业发展提供不竭动力。

（一）突出政治引领和目标牵引，推动党建与业务工作在战略规划上同频共振

坚持党对国有企业的领导是重要政治原则，必须一以贯之；建立现代企业制度是国有企业改革的方向，也必须一以贯之。必须始终坚持党的领导，加强党的建设，以党建工作统领全局，推动企业改革发展。确立党组织在企业治理中的法定地位，充分发挥党委“把方向、管全局、保落实”的领导作用，构建企业良好的政治文化生态。党的干部要起到引领作用，既要尽责抓又要带头做，既要严要求又要会激励，率先垂范、身先士卒、加强学习、攻坚克难，引导企业广大党员在推动企业发展中不当旁观者、不做局外人，切实为企业的发展发挥引领和保障作用，使企业党员真正成为企业发展路上的模范和先锋。

（二）全面推行全员业绩考核工作，建立健全科学合理的考核管理体系

在绩效考核指标的设置上，考虑企业整体战略指标的分解，充分考虑不同企业、不同层级、不同类型职工的差异性，科学设置具有针对性的考核指标。考核目标既要有前瞻性和挑战性，又要有一定的合理性，确保“跳起来、够得着”。在考核过程中，应打破平均主义，合理拉开收入差距，真正建立起能上能下、能进能出、能高能低的激励约束机制。明确能上能下的标准和规则，着力打开身份壁垒、技能提升、职业发展的通道，同时说明岗位不胜任的要求认定标准，规范“下”的人员的方式与待遇，真正做到让“不作为、不担当”或有明显失职渎职行为的管理人员下来，实现“能者上、庸者下、劣者汰”，实现从“要我干”到“我要干”的转变，整体提升团队建设，增强企业活力和职工内生动力。

（三）探索中长期激励机制，实现企业发展与个人发展的双赢

学好用足现有政策，根据企业的实际情况选择中长期激励的路径和工具，完善国企领导人员分类分层管理、经理层任期制和契约化管理、外部董事监事管理、国资股东派出人员管理等方面的制度机制。按照收益与贡献对等的原则，科学设置国企高质量发展考核评价指标体系，优化精简考核项目，从企业资格门槛要求设置、业绩考核指标和目标设置等方面加强约束，制订和实施系统性、综合性的全面薪酬解决方案，实现对核心骨干人员的有力吸引、有效保留和适度激励，切实解决干与不干一个样、干多干少一个样、干好干坏一个样的问题。

（四）坚持以人为本，走群众路线，打造良好的企业文化

坚持以人为本，贯彻落实全心全意依靠工人阶级的方针，使职工的个人发展和企业的整体发展相互促进和影响，使职工的价值观与企业的价值观实现高度统一。引导每一名职工以“功成不必在我、建功必须有我”的主人翁精神，扎扎实实地履职尽责，形成公平公正竞争、鼓励干事创业、领导干部带头的良好环境和文化氛围，为职工群众实现自己的理想、开展创造性的工作提供充分的机会和条件。此外，还应尽力改善职工的工作生活条件，解决职工的实际困难，使全体职工共享改革发展成果。

参考文献

一、著作类

1. Andreas,J.Disenfranchised：The Rise and Fall of Industrial Citizenship in China［M］.New York：Oxford University Press,2019.

2. Burawoy,M.& Lukàcs J.The Radiant Past［M］.Chicago：The University of Chicago Press,1992.

3. Filtzer,Donald A.,Soviet Workers and Stalinist Industrialization：The Formation of Modern Soviet Production Relations,1928-1941［M］.London：Pluto,1986.

4. Hershatter, G.The Workers of Tianjin：1900-1949［M］.Stanford：Stanford University Press, 1993.

5. Howe,C.Wage patterns and wage policy in modern China,1919-1972［M］. Cambridge,UK：Cambridge University Press,2009.

6. Mesa-Lago, Carmelo.Cuba in the 1970s：Pragmatism and Institutionalization［M］.Albuquerque：University of New Mexico Press,1978.

7. Moore, Barrington Jr.Authority and Inequality under Capitalism and Socialism：USA,USSR and China［M］.Oxford：Clarendon Press,1987.

8. Schurmann,F.Ideology and Organization in Communist China［M］. Berkeley：University of California Press,1966.

9. Xiaobo Lu and Elizabeth J.Perry, Danwei：the changing Chinese workplace in historical and comparative perspective［M］,Armonk,N.Y.：M.E.Sharpe,1997.

10. 奥尔森 . 权力与繁荣［M］. 上海：上海世纪出版集团，2014.

11. 阿格尔 . 西方马克思主义概论［M］. 北京：中国人民大学出版社，1991.

12. 安岗 . 从一个工厂看社会主义企业管理［M］. 北京：工人出版社，1955.

13. 贝特兰、斯威齐 . 论向社会主义过渡［M］. 北京：商务印书馆，1975.

14. 布鲁斯 . 社会主义的所有制与政治体制［M］. 北京：华夏出版社，1989.

15. 布雷弗曼 . 劳动与垄断资本——二十世纪中劳动的退化［M］. 北京：商务印书馆，1978.

16. 布若威 . 制造同意——垄断资本主义劳动过程的变迁［M］. 北京：商务印书馆，2008.

17. 本书编写组 . 国企改革若干问题研究［M］. 北京：中国经济出版社，2017.

18. 薄一波 . 若干重大决策与事件的回顾［M］. 北京：中共中央党校出版社，1993.

19. 卞历南 . 制度变迁的逻辑［M］. 浙江：浙江人民出版社，2011.

20. 陈美玲 . 古巴农业革命［M］. 北京：社会科学文献出版社，2013.

21. 陈雁、马军 . 旧稿拾遗——上海工厂史料两种［M］. 上海：线装书局，2019.

22. 程连升 . 中国反失业政策研究（1950—2000）［M］. 北京：社会科学文献出版社，2002.

23. 迟福林 . 伟大的历程：中国改革开放 40 年实录［M］. 广东：广东经济出版社，2018.

24. 邓小平文选（第二册）［M］. 北京：人民出版社，1993.

25. 邓小平文选（第三册）［M］. 北京：人民出版社，1993.

26. 邓拓全集（第 2 卷）［M］. 广东：花城出版社，2002.

27. 东林 . 苏联经济管理概况［M］. 北京：中国社会科学出版社，1980.

28. 大连地方党史编辑室 . 中共大连地方党史资料汇辑［M］. 辽宁：大连地方党史编辑室，1983.

29. 戴锦 . 国有企业的性质［M］. 北京：经济科学出版社，2016.

30. 丁云亮 . 阶级话语的叙述与表象——1950 年代上海工人之文化经验［M］. 安徽：安徽师范大学出版社，2010.

31. 国务院国资委改革办 . 国企改革探索与实践——中央企业子企业 150 例［M］. 北京：中国经济出版社，2018.

32. 国家统计局 . 中国统计年鉴（1984）［M］. 北京：中国统计出版社，1984.

33. 傅高义 . 共产主义下的广州：一个省会的规划与政治（1949—1968）［M］. 广东：广东人民出版社，2008.

34. 冯苏京 . 企业 1000 年——企业形态的历史演变［M］. 北京：知识产权出版社，2010.

35. 国家体改委办公厅 . 十一届三中全会以来经济体制改革重要文件汇编（上卷）［M］. 北京：改革出版社，1990.

36. 国家体改委办公厅 . 十一届三中全会以来经济体制改革重要文件汇编（中卷）［M］. 北京：改革出版社，1990.

37. 顾龙生 . 毛泽东经济年谱［M］. 北京：中共中央党校出版社，1993.

38. 桂勇 . 私有产权的社会基础：城市企业产权的政治重构（1949—1956）［M］. 上海：立信会计出版社，2006.

39. 甘乃光 . 中国行政新论［M］. 上海：商务印书馆，1943.

40. 哈尔滨市中苏友好协会 . 怎样组织工厂的技术工作［M］. 北京：财政经济出版社，1957.

41. 哈维 . 跟大卫 • 哈维读《资本论》(第一卷)［M］. 上海：上海译文出版社，2014.

42. 华尔德 . 共产党社会的新传统主义［M］. 英国：牛津大学出版社，1996.

43. 胡绳 . 中国共产党的七十年［M］. 北京：中共党史出版社，1991.

44. 胡钧 . 旧中国的工资问题简论［M］. 上海：上海人民出版社，1959.

45. 黄速建、贺俊 . 中国国有企业 40 年：制度变迁与行为演化［M］. 北京：经济管理出版社，2019.

46. 何长工 . 何长工回忆录［M］. 北京：解放军出版社，1987.

47. 何光 . 当代中国的劳动力管理［M］. 北京：中国社会科学出版社，1990.

48. 建国以来刘少奇文稿(第 8 册)［M］. 北京：中央文献出版社，2018.

49. 建国以来毛泽东文稿(第 6 册)［M］. 北京：中央文献出版社，1992.

50. 江泽民 . 论社会主义市场经济［M］. 北京：中央文献出版社，2006.

51. 贾文娟 . 选择性放任：车间政治与国有企业劳动治理逻辑的形成［M］. 北京：中国社会科学出版社，2016.

52. 加拉格尔 . 全球化与中国劳工政治［M］. 浙江：浙江人民出版社，2010.

53. 科尔奈 . 短缺经济学［M］. 北京：经济科学出版社，1986.

54. 科尔奈 . 思想的力量：智识之旅的非常规自传［M］. 上海：上海人民出版社，2017.

55. 科尔奈 . 社会主义体制：共产主义政治经济学［M］. 北京：中央编译出版社，2007.

56. 卡斯塔涅达 . 切•格瓦拉传［M］. 北京：人民文学出版社，2012.

57. 科斯，等 . 财产权利与制度变迁——产权学派与新制度学派译文集［M］. 上海：上海三联书店，1991.

58. 科兹、威尔 . 从戈尔巴乔夫到普京的俄罗斯道路：苏联体制的终结和新俄罗斯［M］. 北京：中国人民大学出版社，2015.

59. 科纳科夫 . 苏联工业中的工资［M］. 北京：工人出版社，1950.

60. 考茨基 . 马克思的经济学说［M］. 北京：生活•读书•新知三联书店，1958.

61. 孔繁轲 . 中国共产党道路创新史［M］. 山东：山东人民出版社，2015.

62. 劳动和社会保障部劳动工资研究所 . 我国企业薪酬热点问题剖析［M］. 北京：中国劳动社会保障出版社，2007.

63. 李文海 . 民国时期社会调查丛编［二编］：城市（劳工）生活卷（下）［M］. 福建：福建教育出版社，2014.

64. 李尔重 . 关于领导工业生产中的几个问题［M］. 湖北：中南人民出版社，1953.

65. 李汉林、渠敬东 . 中国单位组织的失范效应［M］. 上海：上海人民出版社，2005.

66. 李立三赖若愚论工会［M］. 北京：档案出版社，1987.

67. 李伟 . 组织行为学［M］. 湖北：武汉大学出版社，2017.

68. 李唯一 . 中国工资制度［M］. 北京：中国劳动出版社，1991.

69. 列宁全集（第 24 卷）［M］. 北京：人民出版社，1986.

70. 列宁全集（第 27 卷）［M］. 北京：人民出版社，1986.

71. 列宁全集（第 33 卷）［M］. 北京：人民出版社，1986.

72. 列宁全集（第 34 卷）［M］. 北京：人民出版社，1986.

73. 列宁选集（第三卷）［M］. 北京：人民出版社，1995.

74. 拉科夫斯基 . 回顾与展望：波兰向何处去［M］. 北京：东方出版社，

1987.

75. 林毅夫、蔡昉、李周．中国的奇迹：发展战略与经济改革［M］．上海：上海三联书店，1994.

76. 陆学艺．当代中国社会阶层研究报告［M］．北京：社会科学文献出版社，2002.

77. 刘大钧．上海工业化研究［M］．上海：商务印书馆，1940.

78. 刘爱玉．选择：国企变革与工人生存行动［M］．北京：社会科学文献出版社，2005.

79. 刘传济．劳动经济学辞典［M］．河南：河南人民出版社，1986.

80. 刘少奇选集［M］．北京：人民出版社，1981.

81. 刘亚娟．再造与自塑：上海青年工人研究（1949—1965）［M］．上海：复旦大学出版社，2020.

82. 吕政．吕政经济文选［M］．北京：中国时代经济出版社，2010.

83. 马涅维奇．苏联工业中的工资及其形式［M］．北京：工人出版社，1954.

84. 马修斯．苏俄的阶级与社会［M］．北京：商务印书馆，1979.

85. 麦克法夸尔、费正清．剑桥中华人民共和国史［M］．上海：上海人民出版社，1990.

86. 梅萨．七十年代的古巴［M］．北京：商务印书馆，1980.

87. 迈斯纳．苏联的社会变革：俄国走向工业社会的道路［M］．北京：生活•读书•新知三联书店，1977.

88. 马克思．哥达纲领批判［M］．北京：人民出版社，1965.

89. 马克思．雇佣劳动与资本［M］．北京：人民出版社，1961.

90. 马克思．资本论（第一卷）［M］．北京：人民出版社，2004.

91. 毛泽东选集（第三卷）［M］．北京：人民出版社，1991.

92. 毛泽东选集（第四卷）［M］．北京：人民出版社，1991.

93. 毛泽东文集（第一卷）[M]. 北京：人民出版社，1993.

94. 毛泽东文集（第八卷）[M]. 北京：人民出版社，1999.

95. 米库尔斯基 . 社会主义经济中的物质刺激——经互会欧洲成员国的经验 [M]. 北京：人民出版社，1980.

96. 米勒 . 管理困境：科层的政治经济学 [M]. 上海：上海人民出版社，2002.

97. 莫里斯 · 迈斯纳 . 毛泽东的中国及后毛泽东的中国：人民共和国史 [M]. 四川：四川人民出版社，1992.

98. 麦克维克、尼尔 . 南斯拉夫的经济改革 [M]. 北京：商务印书馆，1963.

99. 梅特纳 . 苏维埃人剖视 [M]. 北京：世界知识出版社，1964.

100. 莫里斯 • 迈斯纳 . 毛泽东的中国及后毛泽东的中国：人民共和国史 [M]. 四川：四川人民出版社，1992.

101. 诺斯 . 制度、制度变迁与经济绩效 [M]. 上海：上海三联书店，2008.

102. 倪志福 . 当代中国工人阶级和工会运动 [M]. 北京：中国社会科学出版社，1990.

103. 逄先知、金冲及 . 毛泽东传（1949—1976）[M]. 北京：中央文献出版社，2003.

104. 裴宜理 . 重访中国革命：以情感的模式 [C]. 中国学术（第 8 辑）[M]. 北京：商务印书馆，2001.

105. 渠敬东，等 . 组织变革和体制治理：企业中的劳动关系 [M]. 北京：中国社会科学出版社，2015.

106. 邵宁 . 国有企业改革实录（1998—2008）[M]. 北京：经济科学出版社，2015.

107. 斯诺 . 西行漫记 [M]. 北京：生活 • 读书 • 新知三联书店，1979.

108. 斯大林全集（第十二卷）[M]. 北京：人民出版社，1956.

109. 宋磊. 经济民主：主义与问题 [M]. 北京：社会科学文献出版社，2015.

110. 邵宁. 国有企业改革实录（1998—2008）[M]. 北京：经济科学出版社，2015.

111. 沈志华. 苏联专家在中国（1948—1960）[M]. 北京：中国国际广播出版社，2003.

112. 沈智、李涛. 上海劳动志 [M]. 上海：上海社会科学院出版社，1998.

113. 苏联部长会议国家劳动工资委员会. 苏联劳动与工资 [M]. 北京：商务印书馆，1977.

114. 苏联科学院经济研究所. 政治经济学教科书 [M]. 北京：人民出版社，1955.

115. 陕西省档案馆. 抗日战争时期陕甘宁边区财政经济史料摘编：第2编 • 生产自给 [M]. 陕西：陕西人民出版社，1981.

116. 谭中和，等. 中国工资收入分配改革与发展（1978—2018）[M]. 北京：社会科学文献出版社，2019.

117. 童长江、方明亮. 管理学基础 [M]. 湖北：华中科技大学出版社，2017.

118. 塔波尔斯基. 共产主义在捷克斯洛伐克（1948—1960）[M]. 北京：世界知识出版社，1965.

119. 汤森、沃马克. 中国政治 [M]. 江苏：江苏人民出版社，1994.

120. 托夫勒. 第三波浪潮 [M]. 北京：生活 • 读书 • 新知三联书店，1983.

121. 田毅鹏，等. “单位共同体”的变迁与城市社区重建 [M]. 北京：中央编译出版社，2014.

122. 汪海波. 中华人民共和国工业经济史（1949.10—1998）[M]. 山西：

山西人民出版社，1998.

123. 汪洋 . 和工人同志谈计件工资［M］. 北京：工人出版社，1956.

124. 王守海 . 苏联东欧国家经济体制比较［M］. 北京：中国社会科学出版社，1984.

125. 王星 . 技能形成的社会建构——中国工厂师徒制变迁历程的社会学分析［M］. 北京：社会科学文献出版社，2014.

126. 王榕 . 王榕工资工作文集［M］. 北京：中国工人出版社，1998.

127. 王文章 . 中国现代化进程中的国家与市场：从孙中山、毛泽东到邓小平［M］. 北京：北京大学出版社，2004.

128. 维谢尔科夫 . 苏联劳动者的物质刺激［M］. 北京：生活•读书•新知三联书店，1964.

129. 郭正洪，等 . 中国社会主义革命和建设史（1949—1992）［M］. 上海：华东师范大学出版社，1993.

130. 吴琼、戴武堂 . 管理学基础［M］. 湖北：武汉大学出版社，2016.

131. 魏成龙，等 . 国有大型企业的现代企业制度建设问题研究［M］. 北京：中国经济出版社，2013.

132. 魏杰 . 资产重组与股份化——国有企业改革的两大突破点［M］. 河北：河北人民出版社，1998.

133. 谢国雄 . 纯劳动：台湾劳动体制诸论［M］. 台湾："中央研究院"社会学研究所筹备处，1997.

134. 谢明诺夫 . 苏联工资制度讲义［M］. 北京：工人出版社，1953.

135. 谢佩和 . 我们坚持留在宁沪 . 回忆国民政府资源委员会［M］. 北京：中国文史出版社，1988.

136. 辛迪诚 . 中国国有企业改革编年史（1978—2005）［M］. 北京：中国工人出版社，2006.

137. 薛暮桥 . 中国社会主义经济问题研究［M］. 北京：人民出版社，

2012.

138. 徐建青、董志凯、赵学军 . 薛暮桥笔记选编［M］. 北京：社会文献出版社，2017.

139. 约耐斯库 . 共产主义在罗马尼亚（1944—1962）［M］. 北京：世界知识出版社，1965.

140. 严伟 . 思考国有企业［M］. 辽宁：辽宁人民出版社，2007.

141. 严忠勤 . 当代中国的职工工资福利和社会保险［M］. 北京：社会科学文献出版社，1987.

142. 杨可 . 同舟：职业共同体建设与社会群力培育［M］. 北京：社会科学文献出版社，2019.

143. 杨志安、郭矜 . 中国财政调节收入分配研究［M］. 沈阳：辽宁大学出版社，2016.

144. 杨新铭 . 社会主义本质中的价值取向与工具取向［C］. 王立胜、裴长洪主编 . 中国特色社会主义政治经济学探索［M］. 北京：中国社会科学出版社，2016.

145. 余敏玲 . 形塑"新人"：中共宣传与苏联经验［M］. 台湾："中央研究院"近代史研究所，2015.

146. 袁进、丁云亮、王有富 . 身份建构与物质生活：20 世纪 50 年代上海工人的社会文化生活［M］. 上海：上海书店出版社，2008.

147. 中共中央、国务院关于构建更加完善的要素市场化配置体制机制的意见［M］. 北京：人民出版社，2020.

148. 中共中央马克思恩格斯列宁斯大林著作编译局 . 马克思恩格斯选集［M］. 北京：人民出版社，1995.

149. 中共中央文献研究室 . 毛泽东传（1949—1976）（上）［M］. 北京：中央文献出版社，2003.

150. 中国人民大学马列主义基础教研室 . 斯大林文选（上）［M］. 北京：

中国人民大学出版社，1952.

151. 中华人民共和国史学会 . 毛泽东读社会主义政治经济学批注和谈话（简本）[M] . 内部发行，1998.

152. 中国共产党中央委员会关于建国以来党的若干历史问题的决议[M] . 北京：人民出版社，2009.

153. 中央苏区工人运动史征稿协作小组 . 中央革命根据地工人运动史[M] . 北京：改革出版社，1989 .

154. 中国大百科全书：经济学Ⅱ [M] . 北京：中国大百科全书出版社，1988.

155. 中国社会科学院经济学家代表团 . 匈牙利经济体制考察 [M] . 北京：中国财政经济出版社，1984.

156. 中国统计年鉴（1983）[M] . 北京：中国统计出版社，1983.

157. 中华全国总工会经济技术部 . 新编劳模工作手册 [M] . 北京：中国工人出版社，2012.

158. 中共山西省委党史办公室 . 赖若愚纪念文集 [M] . 北京：中共党史出版社，2012.

159. 张军 . 改变中国：经济学家的改革记述 [M] . 上海：上海人民教育出版社，2019.

160. 张泽荣，等 . 社会主义市场经济十大问题 [M] . 四川：成都科技大学出版社，1993.

161. 张志林、王冲 . 劳动竞赛手册（上）[M] . 北京：中国铁道出版社，1988.

162. 张志林 . 劳动心语 [M] . 山西：山西人民出版社，2012.

163. 张仲清 . 美丽的曹杨新村 [M] . 上海：上海教育出版社，1960.

164. 赵明华 . 国有企业改革中的工人——中国纺织产业的个案研究 [M] . 北京：社会科学文献出版社，2012.

165. 仲津 . 政治经济学社会主义部分探索［M］. 北京：学习杂志社，1958.

166. 周太和 . 当代中国的经济体制改革［M］. 北京：中国社会科学出版社，1984.

167. 朱邦兴，等 . 上海产业与上海职工［M］. 上海：上海人民出版社，1984.

168. 祝慈寿 . 中国工业劳动史［M］. 上海：上海财经大学出版社，1999.

169. 庄启东，等 . 新中国工资史稿［M］. 北京：中国财政经济出版社，1986.

170. 左中海 . 中国市场经济的所有制基础及其实现［M］. 陕西：西北大学出版社，1993.

二、报刊杂志类

1. Burawoy,M.&Lukàcs J.Mythologies of Work：A Comparison of Firms in State Socialism and Advanced Capitalism［J］.American Sociological Review,1985,50(6).

2. Davis,D.Social Class Transformation in Urban China：Training, Hiring, and Promoting Urban Professionals and Managers after 1949［J］.Modern China,2000,No.3.

3. Hoffmann,C.Work Incentive Policy in Communist China［J］.The China Quarterly,1964(17).

4. Keister,Lisa A.Adapting to Radical Change：Strategy and Environment in Piece-Rate Adoption during China's Transition［J］.Organization Science,2002,13(5).

5. Nathan,Andrew J.Policy Oscillations in the People's Republic of China：A

Critique [J] .The China Quarterly,1976,No.68.

6. Perry,Elizabeth J.Shanghai’s Strike Wave of 1957 [J] .The China Quarterly,1994,No.137.

7. Roy,Donald F.Work Satisfaction and Social Reward in Quota Achievement: An Analysis of Piecework Incentive [J] .American Sociological Review,1953,18(5).

8. Sabel C F,Stark D.Planning, Politics, and Shop-Floor Power: Hidden Forms of Bargaining in Soviet-Imposed State-Socialist Societies [J] .Politics Society,1982(11).

9. Walder,Andrew G.Industrial Organization and Socialist Development in China [J] .Modern China,1979,5(2).

10. Walder,Andrew G.Wage Reform and the Web of Factory Interests [J] . The China Quarterly, 1987,109.

11. Walder Andrew G.and Hu Songhua.Revolution, Reform, and Status Inheritance: Urban China, 1949—1996 [J] .American Journal of Sociology,2009(114).

12. 初学 . 关于计件工资问题的探讨——武汉机床厂工资制度的破立 [J] . 财经研究，1958（6）.

13. 陈明春 . 定额员如何处理工作中的矛盾 [J] . 劳动，1958（17）.

14. 陈守海 . 实施企业经营者年薪制的难点及对策 [J] . 劳动理论及实践，1998（9）.

15. 陈健、郭冠清 . 落后生产力国家社会主义的优越性：中国道路的回顾与比较 [J] . 兰州学刊，2020（2）.

16. 陈清泰 . 国有企业改革与公司治理 [J] . 南开管理评论，2009（5）.

17. 陈沛霖 . 计时与计件相结合的工资形式不能充分体现按劳分配原则 [J] . 劳动，1962（18）.

18. 陈春花 . 企业文化的改造与创新［J］. 北京大学学报（社会科学版），1999（3）.

19. 承纪中 . 计时和计件结合的工资制［J］. 劳动，1959（16）.

20. 崔之元 . 鞍钢宪法与后福特主义［J］. 读书，1996（3）.

21. 戴园晨、黎汉明 . 工资侵蚀利润——中国经济体制改革中的潜在危险［J］. 经济研究，1988（6）.

22. 冯仕政 . 典型：一个政治社会学的研究［J］. 学海，2003（3）.

23. 冯仕政 . 单位分割与集体抗争［J］. 社会学研究，2006（3）.

24. 范家骧、王僡彦 . 关于庆华工具厂取消个人计件工资制实行集体双跃进竞赛奖励的调查报告［J］. 北京大学学报，1958（4）.

25. 符鹏 . 生产组织、文教实践与主人意识——一九五三年天津工厂的秩序重建及其精神意涵［J］. 中共党史研究，2018（5）.

26. 范寿新 . 建国初期对官僚资本的没收和改造［J］. 党史研究 .1989（5）.

27. 国涌 . 大连工人怎样学习苏联？访问旅大代表康敏庄［N］. 人民日报，1949 年 11 月 21 日 .

28. 贯彻执行按劳分配的社会主义原则［N］. 人民日报，1978 年 5 月 6 日 .

29. 高良谋、郭英、胡国栋 . 鞍钢宪法的批判与解放意蕴［J］. 中国工业经济，2010（10）.

30. 高远戎 .“大跃进”期间的资产阶级法权讨论及影响——试析毛泽东对社会主义社会的一些构想［J］. 中共党史研究，2006（3）.

31. 高超群 . 科学管理改革与劳资关系——以申新三厂和民生公司为中心［J］. 中国经济史研究，2008（3）.

32. 贺镐圣，等 . 上海经济体制改革的历史沿革（中）［J］. 上海经济研究，1984（6）.

33. 郭振英、卢建 . 增强国营大中型企业活力的政策取向［ J ］. 中国工业经济，1992（ 4 ）.

34. 胡野鹤、郑大镇 . 上海地毯总厂第一分厂两个车间试行计件工资的调查［ J ］. 上海经济研究，1981（ 11 ）.

35. 黄岭峻 .30—40 年代中国思想界的“计划经济”思潮［ J ］. 近代史研究，2000（ 2 ）.

36. 黄群慧 .“新国企”是怎样炼成的——中国国有企业改革 40 年回顾［ J ］. 中国经济学人（ 英文版 ），2018（ 1 ）.

37. 黄群慧 . 百年目标视域下的新中国工业化进程［ J ］. 经济研究，2019（ 9 ）.

38. 贾文娟 . 计划经济时期国有重型企业中的赶工生产模式与劳动动员策略——以对 S 市 TY 厂的历史研究为例（ 1950—1972 ）［ J ］. 工会理论研究，2020（ 6 ）.

39. 贾文娟 . 国家社会主义的劳动体制及其转型——基于对国家社会主义时期的苏联、东欧和中国劳动体制的比较［ J ］. 兰州大学学报（ 社会科学版 ），2016（ 3 ）.

40. 蒋晓农 . 试论市场经济条件下国有企业的劳动竞赛［ J ］. 工会理论研究，2000（ 2 ）.

41. 金若弼 . 计件工资制是不是按劳分配的最好形式［ J ］. 学术月刊，1959（ 3 ）.

42. 康永和 . 关于推行计件工资制的几个问题［ N ］. 工人日报，1981 年 8 月 12 日 .

43. 鲁建彪 . 关于推行国有企业经营者年薪制的理论思考［ J ］. 云南民族学院学报（ 哲学社会科学版 ），2001（ 4 ）.

44. 李子联 . 中国收入分配制度的演变及其绩效（ 1949—2013 ）［ J ］. 南京大学学报（ 哲学社会科学版 ），2015（ 1 ）.

45. 李云 . 对于计件工资的一些看法［J］. 经济研究，1959（5）.

46. 李珂 . 楷模与引领：劳动模范评选制度的嬗变与省思［J］. 教学与研究，2018（6）.

47. 李怀印、黄英伟、狄金华 . 回首“主人翁”时代——改革前三十年国营企业内部的身份认同、制度约束与劳动效率［J］. 开放时代，2015（3）.

48. 李怀印，等 . 毛泽东时代国营企业内部日常权力关系的再探讨［J］. 中共党史研究，2017（5）.

49. 李路路、李汉林 . 资源与交换：中国单位组织中的依赖性结构［J］. 社会学研究，1999（4）.

50. 梁萌 . 在生产体制中发现工人阶级的未来——读布洛维劳动过程理论三步曲之一《辉煌的过去》［J］. 社会学研究，2007（1）.

51. 林超超 . 新国家与旧工人：1952 年上海私营工厂的民主改革运动［J］. 社会学研究，2010（2）.

52. 林超超 . 生产线上的革命——20 世纪 50 年代上海工业企业的劳动竞赛［J］. 开放时代，2013（1）.

53. 林超超 . 苏联经济核算制与中国计划经济［J］. 史林，2016（1）.

54. 林超超 . 中国劳模制度的政治经济学分析——以陆阿狗和他的模范小组为例［J］. 上海大学学报（社会科学版），2018（6）.

55. 林盼 . 红与专的张力：1949—1965 年国营工厂提拔工人技术干部研究［J］. 学海，2015（3）.

56. 林盼 . 计件工资制度的工具取向与价值取向——一项比较研究［J］. 齐鲁学刊，2018（1）.

57. 林盼 . 制度变迁、利益冲突与国营企业技术精英地位获得 (1949—1965) ［J］. 中国经济史研究，2018（2）.

58. 林盼 .“单位制”的多样化研究——评 *Toleration*：*Group Governance in a Chinese Third Line Enterprise*［J］. 公共管理评论，2018（3）.

59. 林盼 . 既要效率，也求均等：20 世纪 60 年代半计件工资制的实施［J］. 中国经济史研究，2019（1）.

60. 林盼 .“父爱主义”的延展及其机制——以 20 世纪六七十年代上海国营企业精简职工为例［J］. 开放时代，2019（3）.

61. 林盼 . 收入分配制度的实践差异——对中苏计划经济时期计件工资制的比较研究［J］. 上海经济研究，2020（11）.

62. 林盼、朱妍 . 工人分化与激励异化：五十年代国营工厂的计件工资制度［J］. 史林，2015（3）.

63. 林盼、朱妍 . 经济政策的政治理念：五十年代计件工资制的存废［J］. 中共党史研究，2015（5）.

64. 林方 . 试论工资形式［N］. 人民日报，1961 年 10 月 28 日 .

65. 廖永红 . 我国企业年薪制的实施情况及若干亟待解决的问题［J］. 特区经济，1998（7）.

66. 栾强 . 我国企业文化建设亟待解决的问题及对策［J］. 山东社会科学，2017（1）.

67. 刘岸冰 .1949—1956 年上海国营工业企业劳动竞赛研究［J］. 当代中国史研究，2020（5）.

68. 刘刚，等 . 中国企业文化 70 年：实践发展与理论构建［J］. 经济管理，2019（10）.

69. 刘世定 . 占有制度的三个维度及占有认定机制：以乡镇企业为例［C］. 中国社会科学院社会学研究所 . 中国社会学（第 5 卷）［M］. 上海：上海人民出版社，2006.

70. 刘洪文 . 新常态下施工企业开展劳动竞赛活动的思考［J］. 现代国企研究，2016（8）.

71. 刘成瑞，等 . 论工业企业中计件工资制的矛盾［J］. 教学与研究，1958（9）.

72. 路风 . 单位：一种特殊的社会组织形式［J］. 中国社会科学，1989（1）.

73. 吕鸿志、胡守权 . 我们取消了计件工资［N］. 人民日报，1958 年 10 月 18 日 .

74. 陆南泉 . 斯大林工业化道路再认识［J］. 科学社会主义，2005（3）.

75. 毛泽东代表中共中央致祝词［N］. 人民日报，1950 年 9 月 26 日 .

76. 马洪 . 关于改革工业企业领导制度的探讨［J］. 经济管理，1980（12）.

77. 马涅维奇 . 苏联按劳分配与工业中的工资组织问题［J］. 劳动，1953（11）.

78. 莫子刚 . 抗战时国统区后方生产竞赛运动之初探［J］. 安徽史学，2008（2）.

79. 忻平 .1930 年代上海工人生活水平与状况的调查及分析［J］. 上海档案史料研究，2008（4）.

80. 芮黎明 . 苏南"星期日工程师"现象及其启示［J］. 红旗文稿，2006（18）.

81. 孙迪鹏 . 深化劳动工资改革是从内部搞活大中企业的重要措施［J］. 上海经济研究，1991（5）.

82. 束金中 . 略论分配领域中的平均主义［J］. 社会科学，1983（4）.

83. 上海第二皮鞋厂实行半计件工资效果好［J］. 中国经贸导刊，1987（18）.

84. 田林 . 工资制度的诀窍找到了——大连公营企业生产管理经验介绍之二［N］. 人民日报，1949 年 12 月 14 日 .

85. 田力为 . 从"根据地经验"看中国社会主义新传统［J］. 开放时代，2008（5）.

86. 田毅鹏、李珮瑶 . 计划时期国企"父爱主义"的再认识——以单位子女就业政策为中心［J］. 江海学刊，2014（3）.

87. 田毅鹏、苗延义 . 单位制形成过程中的“苏联元素”——以建国初期国企“一长制”为中心［J］. 吉林大学社会科学学报，2016（3）.

88. 童源轼、钱世明 . 上海市企业内部奖金分配问题的探讨［J］. 社会科学，1981（6）.

89. 为四化立功——向受到嘉奖的全国先进企业和全国劳动模范热烈祝贺［N］. 人民日报，1979 年 9 月 29 日 .

90. 汪海波 . 中国国有企业改革的实践进程（1979—2003）［J］. 中国经济史研究，2005（3）.

91. 汪仕凯 . 生产政治理论及其争论——企业管理权力与工人权利研究综述［J］. 开放时代，2010（5）.

92. 王立胜 . 中国特色社会主义政治经济学的历史逻辑［J］. 政治经济学评论，2016（4）.

93. 王明生、董颖鑫 . 陕甘宁边区劳模运动的政治分析［J］. 学海，2010（5）.

94. 王明伦、李应 . 大力培养工人出身的工程师［J］. 创造，1960（12）.

95. 王忠明 . 国企改革：从现代企业制度到现代产权制度［J］. 当代经济，2008（10）.

96. 王伯英 . 陕甘宁边区农业生产运动中的劳动竞赛［J］. 兰州工业学院学报，2018（3）.

97. 王光荣 . 穆青与边区劳动英雄赵占魁［J］. 党史天地，2001（1）.

98. 王嘉昊 . 改革开放 40 年劳动模范的“变”与“不变”［J］. 中国工运，2018（12）.

99. 王礼琦、李炳俊 . 第二次国内革命战争时期中央革命根据地的劳动竞赛［J］. 经济研究，1979（1）.

100. 魏众、王琼 . 按劳分配原则中国化的探索历程——经济思想史视角的分析［J］. 经济研究，2016（11）.

101. 吴长青 . 革命伦理与劳动纪律——20 世纪 50 年代初国营企业的劳动激励及其后果［J］. 开放时代，2012（10）.

102. 伍晓鹰 . 中国工业化道路的再思考：对国家或政府作用的经济学解释［J］. 比较，2014（6）.

103. 谢列兹尼奥夫 . 列宁关于劳动刺激的思想与当代现实［J］. 国外社会科学文摘，1987（5）.

104. 许文彬 . 关于推行计件工资中的几个问题［J］. 劳动，1954（10）.

105. 徐鹏 . 苏联经验与本土实践——中华人民共和国成立前夕旅大地区对工人工资制度的探索［J］. 史林，2020（3）.

106. 徐鹏 .20 世纪五六十年代工人工资问题研究的进路与展望［J］. 中国经济史评论，2020（2）.

107. 萧冬连 . 本土资源与苏联模板——关于中国计划经济起源的讨论［J］. 中共党史研究，2017（6）.

108. 袁伦渠 . 苏联工资制度的改革［J］. 经济与管理研究，1986（2）.

109. 晓亮 . 劳动竞赛是社会主义的经济规律［J］. 学术月刊，1959（4）.

110. 向共产主义迈进一步——阳泉国营煤矿调整职工宿舍加强党的政治思想领导的经验［N］. 人民日报，1958 年 10 月 22 日 .

111. 杨春学 . 国有企业“企业家”选拔方式的经济学思考［J］. 中国工业经济，2002（7）.

112. 杨奎松 . 从供给制到职务等级工资制——新中国建立前后党政人员收入分配制度的演变［J］. 历史研究，2007（4）.

113. 杨黎明 . 关于改革完善国企高管薪酬分配制度的再思考［J］. 中国党政干部论坛，2014（6）.

114. 杨正忠、张元奎 . 关于机械工业中推行计件工资的几个问题［J］. 经济问题，1958（4）.

115. 杨凤梧，等 . 从一个市的情况看计件工资制［J］. 劳动，1958（6）.

116. 于颖 . 有关旧中国劳动日和工资的一些资料［J］. 教学与研究，1962（4）.

117. 姚力 . 劳模表彰：毛泽东群众路线思想的应用实践［J］. 当代中国史研究，2013（6）.

118. 姚力 . 新中国成立初期的劳模表彰及其社会效应［J］. 党的文献，2013（4）.

119. 姚力 .1977—1979 年的全国劳动模范表彰［J］. 当代中国史研究，2015（9）.

120. 游正林 . 我国职工劳模评选表彰制度初探［J］. 社会学研究，1997（6）.

121. 岳谦厚、刘威 . 战时陕甘宁边区的劳动英模运动［J］. 安徽史学，2011（1）.

122. 岳曙耕、李明珠 . 计时与计件结合的工资形式［J］. 劳动，1962（14）.

123. 中共中央关于全面深化改革若干重大问题的决定［J］. 求是，2013（22）.

124. 张春桥 . 破除资产阶级的法权思想［J］. 解放，1958（6）.

125. 张静 . 中国基层社会治理为何失效［J］. 文化纵横，2016（5）.

126. 张婧 . 劳动模范：在道德与权力之间——从社会学的视角看一种道德教育制度［J］. 开放时代，2007（2）.

127. 张申 ."鞍钢宪法"的管理思想：成因、机理与价值［J］. 上海经济研究，2018（5）.

128. 赵人伟、李实 . 中国居民收入差距的扩大及其原因［J］. 经济研究，1997（9）.

129. 赵玉龄 . 苏联工资制度的演变及其新的改革［J］. 苏联东欧问题，

1987（5）.

130. 赵文敏、张沛 . 大连访问记之六：学习苏联科学的工业管理制度［N］. 人民日报，1949 年 8 月 13 日 .

131. 郑春瑞 . 沈阳第三机器厂实行计件工资制的心得（上）［J］. 机械制造，1951（3）.

132. 周叔莲 . 20 年中国国有企业改革经验的理论分析［J］. 中国社会科学院研究生院学报，2000（3）.

133. 周新城 . 毛泽东经济思想的若干问题探讨 (下)——学习《毛泽东读社会主义政治经济学批注和谈话》［J］. 当代经济研究，2016（4）.

134. 周海燕 . “赵占魁运动”：新闻生产中工人模范的社会记忆重构［J］. 新闻记者，2012（1）.

135. 朱虹 . 试论东北解放区的职工生产竞赛运动［J］. 锦州师院学报（哲学社会科学版），1994（1）.

136. 朱文斌，等 . 上海柴油机厂为什么在生产大跃进中取消了计件工资［J］. 财经研究，1958（7）.

137. 朱长丹、李珺 . 价值规律和按劳分配［J］. 学术界，1988（4）.

三、资料汇编

1. 国家体改委办公厅 . 十一届三中全会以来经济体制改革重要文件汇编（上卷）［G］. 北京：改革出版社，1990.

2. 国家体改委办公厅 . 十一届三中全会以来经济体制改革重要文件汇编（中卷）［G］. 北京：改革出版社，1990.

3. 国营上海一零一厂关于原计件工人取消计件工资前后的工资水平变化情况的调查分析报告［Z］.1959 年 7 月，B202-2-36-48，上海市档案馆藏 .

4. 关于上海柴油机厂计件工资制情况的调查报告［Z］.1961 年 8 月，

A36-2-464-52，上海市档案馆藏 .

5. 劳动部、上海市劳动工资委员会关于改进企业奖励制度和计件工资问题的通知及上海市劳动有关问题的报告［Z］.1961 年 6 月，B127-1-1044，上海市档案馆藏 .

6. 李岳 . 关于计件工资问题的一些看法［C］. 中国科学院上海经济研究所、上海社会科学院经济研究所编 . 关于计件工资问题——1959 年 4 月讨论会论文、资料汇编［G］. 北京：科学出版社，1960.

7. 陕甘宁边区财政经济史编写组、陕西省档案馆 . 抗日战争时期陕甘宁边区财政经济史料摘编：第 1 编 • 总论［G］. 陕西：陕西人民出版社，1981.

8. 陕西省档案馆，等 . 陕甘宁边区政府文件选编（第 1 辑）［G］. 北京：档案出版社，1986.

9. 孙怀仁，等 . 试论上海工业中的计件工资制［C］. 中国科学院上海经济研究所、上海社会科学院经济研究所编 . 关于计件工资问题——1959 年 4 月讨论会论文、资料汇编［G］. 北京：科学出版社，1960.

10. 中国社会科学院、中央档案馆 .1949—1952 中华人民共和国经济档案资料选编 • 基本建设投资和建筑业卷［G］. 北京：中国社会科学出版社，1989.

11. 中国社会科学院、中央档案馆 .1949—1952 中华人民共和国经济档案资料选编 • 劳动工资和职业福利卷［G］. 北京：中国社会科学出版社，1994.

12. 中国社会科学院、中央档案馆 .1953—1957 中华人民共和国经济档案资料选编 • 劳动工资和职业保险福利卷［G］. 北京：中国物价出版社，1998.

13. 中国社会科学院、中央档案馆 .1958—1965 中华人民共和国经济档案资料选编 • 劳动就业和收入分配卷［G］. 北京：中国财政经济出版社，2011.

14. 中国科学院上海经济研究所、上海社会科学院经济研究所 . 关于计件工资问题——1959 年 4 月讨论会论文、资料汇编［G］. 北京：科学出版社，1960.

15. 中共上海市委劳动工资委员会同意港务、铁路、第二商业局关于取消计件工资制和拆贴工资制的请示报告的批复［Z］.1959 年，A11-2-34，上海市档案馆藏 .

16. 中共上海市委工业部和国家计委、一机部工作组对工厂工资奖励情况的调查报告［Z］.1961 年 4-8 月，A36-2-464，上海市档案馆藏 .

17. 中共上海市委劳动工资委员会 . 劳动工资情况［Z］.1959（6），A11-2-74，上海市档案馆藏 .

18. 上海市化学工业局 1959 年综合跃进奖水平平衡表和统计表及计件工资演变情况统计表［Z］.1959 年 12 月，B76-3-391.

19. 中华全国总工会 . 建国以来中共中央关于工人运动文件选编：1949 年 10 月—1988 年 8 月［G］. 北京：工人出版社，1989.

20. 中国科学院经济研究所资料室 . 政治经济学参考资料［G］. 内部资料，1960.

21. 中共中央文献研究室 . 建国以来重要文献选编（第 5 册）［G］. 北京：中央文献出版社，1992.

22. 中共中央文献研究室 . 建国以来重要文献选编（第 7 册）［G］. 北京：中央文献出版社，1993.

23. 中共中央文献研究室 . 建国以来重要文献选编（第 10 册）［G］. 北京：中央文献出版社，1995.

24. 中共中央文献研究室 . 建国以来重要文献选编（第 11 册）［G］. 北京：中央文献出版社，1995.

后　记

2013年6月，我从复旦大学历史学系毕业，博士论文以晚清上海的一个报馆（中外日报馆）为研究对象，对报人的关系网络如何推动和影响组织建构的过程进行探讨。博士毕业之后，我在复旦大学社会学系博士后流动站盘桓了三年，期间以“大跃进”时期技术干部选拔为对象，探讨了企业的“二元管理模式”以及管理层的个人偏好对精英选拔的影响。完成了上述研究之后，我进入中国社会科学院经济研究所工作，直至今日。

对企业激励制度的研究，原本并不在我的研究计划之内，只是在上海档案馆翻阅资料期刊，无意中看到大量有关“计件工资”的材料，一下子激发了我的研究兴趣。自2015年发表第一篇与企业激励制度有关的文章以来，断断续续已有五六篇文章问世，也得到了学界的关注。这次经南开大学周恩来政府管理学院王星教授牵线搭桥，将有关激励制度的思考结果汇总成书，依托中国工人出版社出版，实在荣幸之至，也算是对之前几年个人研究的回顾与总结。“悟已往之不谏，知来者之可追”，那些年所思所想，研究的优点缺点，尽在此书之中。

在对企业激励制度进行研究的过程中，我有幸获得了复旦大学社会学系刘欣教授、李煜教授、桂勇教授、张乐天教授，历史学系邹振环教授、金光耀教授、林超超副教授；南开大学王星教授、宣朝庆教授、王庆明副教授；美国得克萨斯大学李怀印教授；北京大学宋磊教授、封凯栋教授；浙江大学朱天飚教授、耿曙教授、尤怡文副教授；中国人民大学黄阳华教授；中央财经大学王修晓副教授；上海社会科学院李正图研究员；上海大学贾文娟副教授等学者的帮助指点。中国社会科学院经济研究所历任领导，以及郭冠清研究员、魏众研究员、赵学军研究员、隋福民研究员、高超群研究员、杨新铭研究员等学者对我的教诲永志不忘。学界好友吕鹏、孙明、刘学、胡悦晗、陈玮、黄靖洋等给予我的关怀鼓励，令我倍感温暖。《中国经济史研究》《开放时代》《中共党史研究》《史林》《学海》《上海经济研究》等杂志的编辑、学者也给予我重要的意见建议。还要感谢中国工人出版社，这次合作是我学术道路上走出的重要一步，谨致谢忱！

还要感谢我的家人。我的妻子朱妍不仅在学术上惠我良多，而且在生活上也给我无尽的支持，让我的学术道路能够走得踏实坚定。家里的几位长辈所给予的照顾和关怀，铭记在心。小家伙林且末为家庭所带来的欢乐，让我对未来充满期盼。

最后想以一小段话，送给两位远行的亲友。我的父亲林治宝 2021 年 1 月 30 日遽归道山。子欲养而亲不待，是人生一大憾事。回想我对工厂的了解，对单位制的认识，都是在国企工作 44 年的父亲带给我的。虽然父亲从来没有对我的研究提出过任何建议，但我从晚清的报馆转向 1949 年后的工厂，冥冥之中也是对父亲的一种追随。而在 2020 年 12 月 9 日，我的挚友黄英伟研究员英年早逝。我记得英伟在生前出版的最后一本书《20 世纪 70 年代农户收入研究》的后记中提到，“因为你要仔细看，所以我必须努力写”。我们都坚信研究是一辈子的事，要为写下的每一篇文章负责。你是这样做的，我也要这样做。

想念你们！

林盼

2021 年 5 月